# Las Siete
## Iglesias

"Yo estaba en el Espíritu en el día del Señor,
y oí detrás de mí una gran voz como de trompeta,
que decía: Yo soy el Alfa y la Omega, el primero y el último.
Escribe en un libro lo que ves, y envíalo a las siete iglesias que están
en Asia: a Efeso, Esmirna, Pérgamo, Tiatira, Sardis, Filadelfia y Laodicea.
Y me volví para ver la voz que hablaba conmigo; y vuelto,
vi siete candeleros de oro, y en medio de los siete candeleros,
a uno semejante al Hijo del Hombre,
vestido de una ropa que llegaba hasta los pies,
y ceñido por el pecho con un cinto de oro".

(Apocalipsis 1:10-13)

## Dr. Jaerock Lee

# Las Siete
# Iglesias

URIM
BOOKS

Las Siete Iglesias, por el Dr. Jaerock Lee
Publicado por Libros Urim (Representante: Kyungtae Noh)
73, Yeouidaebang-ro 22-gil, Dongjak-gu, Seúl, Corea
www.urimbooks.com

Derechos de autor © 2013 por el Dr. Jaerock Lee
ISBN:978-89-7557-791-8
Derechos de traducción al inglés © 2009 por la Dra. Esther K. Chung.
Usado con permiso.

Publicado originalmente en coreano por Libros Urim, en el 2007.

*Primera publicación: julio de 2013*

Editado por la Dra. Geumsun Vin
Diseño por el Departamento Editorial de Libros Urim
Para mayor información contáctese con urimbook@hotmail.com

# Prefácio

Doy todo el agradecimiento y la gloria a Dios el Padre quien nos ha bendecido para publicar este libro titulado 'Las Siete Iglesias'. Este libro contiene el amor de Dios y el secreto de los últimos días.

Yo había sufrido de muchas enfermedades durante siete años; esta fue una situación que no tenía salida. Pero por la gracia de Dios fui sanado de todas mis enfermedades y comencé a llevar una vida cristiana. En ese momento tuve un sueño. Quise convertirme en un excelente anciano de una iglesia que ayudara a los pobres y a los menos afortunados, y realizar la obra misionera para devolver la gracia de Dios. Sin embargo, Dios me llamó al pastorado y me dio la tarea de predicar el evangelio a todas las personas.

Desde la apertura de la iglesia en 1982, he seguido el ejemplo de la iglesia primitiva que fue establecida por los apóstoles luego de la resurrección y ascensión del Señor. Me concentré en la oración y el evangelismo. Como resultado de ello, hay más de 120.000 miembros y 10.000 iglesias filiales por todo el mundo, las cuales están unidas como una con nuestra iglesia y predicando el evangelio a todos los rincones de la Tierra.

Entre los discípulos y creyentes de la iglesia primitiva, hubo muchos que fueron testigos de señales y prodigios milagrosos; entre ellos la resurrección y ascensión del Señor Jesús. Ellos estuvieron llenos de la gracia, la verdad y el Espíritu, y llegaron a poseer una fe grandiosa. Se convirtieron en la piedra angular de la obra misionera, incluso bajo tan grande persecución. Finalmente, el cristianismo se convirtió en la religión oficial del Imperio Romano. El evangelio que comenzó en Israel se difundió a todo el mundo, y regresará a Israel una vez más.

En la actualidad, incluso entre los creyentes, existen muchos que han perdido el primer amor. Su crecimiento espiritual crece hasta cierto punto, y tienen fe tibia. Existen muchos que en realidad no creen por completo en el Dios Todopoderoso. Ellos no reconocen a Jesús como el Cristo, y niegan las palabras del Espíritu Santo. A medida que pasan los días, hay más iglesias que abandonan el congregarse y se comprometen con el mundo.

El apóstol Juan predicó el evangelio sin preocuparse por su propia vida; incluso bajo persecuciones severas por parte del Imperio Romano. Él fue exiliado a la isla de Patmos y allí recibió la revelación de parte del Señor.

*"Escribe las cosas que has visto, y las que son, y las que han de ser después de estas. El misterio de las siete estrellas que has visto en mi diestra, y de los siete candeleros de oro: las siete estrellas son los ángeles de las siete iglesias, y los siete candeleros que has visto, son las siete iglesias"* (Apocalipsis 1:19-20).

El número siete en la Biblia es el número de la perfección. Por consiguiente, las siete iglesias en este caso no solo se refieren a las iglesias de Éfeso, Esmirna, Pérgamo, Tiatira, Sardis, Filadelfia y Laodicea, sino que se refieren a todas las iglesias que están establecidas en el tiempo del Espíritu Santo.

La carta a las siete iglesias del Señor en el libro de Apocalipsis es para todas las iglesias que han existido hasta la actualidad. Es como una señal para ellos y un resumen de todas la Palabra de Dios, tanto en el Antiguo como en el Nuevo Testamento.

También posee contenidos muy importantes para hacer que las iglesias sean agradables a los ojos del Señor. Yo creo que esta obra hará que muchas iglesias despierten nuevamente.

Quiero agradecer a Geumsun Vin, Directora del Dpto. Editorial de la Iglesia Central Manmin, y a los obreros que han hecho posible que este libro se publique. Ruego en el nombre del Señor que cada lector tenga el anhelo por el Señor que vendrá nuevamente y que adornen sus vidas como Sus esposas.

*Jaerock Lee*

Abriendo la puerta a
*Las Siete Iglesias*

La isla de Patmos está ubicada en el claro y azul Mar Egeo. Se crea un hermoso paisaje con su mar azul y sus casa blancas. Este fue el lugar donde el apóstol Juan fue exiliado y donde recibió muchas revelaciones acerca de los últimos días, entre las cuales se incluyen los mensajes para las siete iglesias.

El apóstol Juan fue uno de los doce discípulos del Señor Jesús. Él predicó el mensaje en lugares como Pérgamo y Esmirna, y fue arrestado por el Emperador Domiciano y sentenciado a muerte. Juan fue arrojado a una olla de aceite hirviendo, pero no murió ya que Dios estaba con él. En la providencia de Dios, fue exiliado a la isla de Patmos.

En ese entonces, la isla de Patmos era un lugar para los

exiliados, por lo general para los delincuentes políticos, este era un lugar solitario y silencioso. Era un excelente lugar para orar a Dios y tener una profunda comunicación con Él. Juan se concentró en la oración dentro de una cueva en un rincón de la isla, donde llegó a recibir revelación de parte de Dios y luego la registró.

Para poder recibir este tipo de revelación, los ojos espirituales

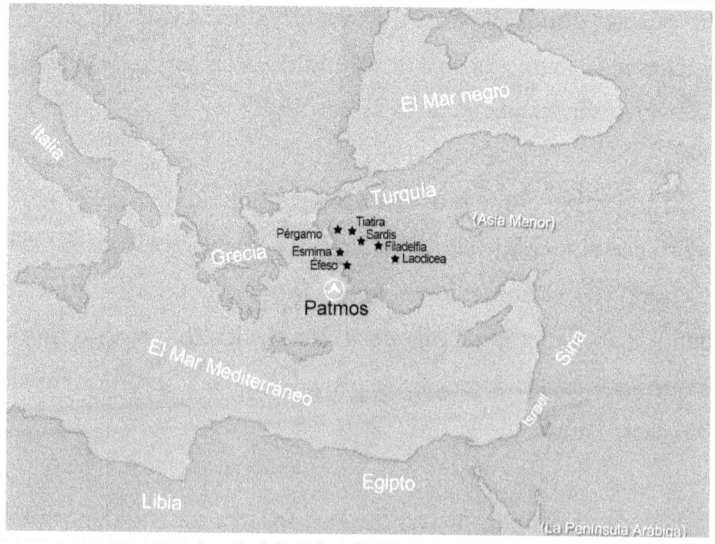

de una persona deben estar abiertos dentro de la inspiración del Espíritu Santo y además ser guiado por los ángeles. Por lo tanto, Dios previamente tuvo que refinar a Juan para que se convirtiera en un hombre de espíritu perfecto, es decir, un hombre perfectamente santificado en la verdad. En una ocasión Juan fue llamado el 'hijo del trueno', pero como resultado del refinamiento de Dios, él cambió completamente e incluso fue conocido como el 'apóstol del amor'. Oró tanto que tenía la piel de la frente encallecida.

Los mensajes a las siete iglesias están en forma de cartas. Esto proporciona una gran lección a las iglesias como a los creyentes en la actualidad, y nos ayuda a comprender el tipo de iglesia ideal que puede ser elogiada por Dios. Es debido a que las iglesias en Éfeso, Esmirna, Pérgamo, Tiatira, Sardis, Filadelfia y Laodicea representan a todas las iglesias del mundo.

Las lecciones de las siete iglesias no son solo una historia en la historia. Son el mensaje ferviente del Señor quien quiere despertar a todas las iglesias de todos los tiempos. Aunque quizás confiesen que aman al Señor grandemente, existen muchas iglesias que deberían examinarse para ver si es que van o no por el camino que traerá reprensión y censura de parte del Señor.

En la mayoría de juegos existe competencia individual o de equipo. Lo mismo sucede con nuestra fe. En el Día del Juicio, no solo cada individuo sino cada iglesia, será juzgada. En ese momento, de acuerdo a qué tipo de valoración reciba la iglesia, podrá recibir recompensas, o quizás ocurra todo lo contrario.

Además, el pastor, la cabeza de la iglesia, también recibirá juicio no solo por su fe individual sino también como pastor del rebaño. De acuerdo a cómo haya guiado la iglesia y al rebaño confiado a él o ella en el nombre del Señor, serán estrictamente juzgados. Obviamente los pastores deben seguir la voluntad del Señor en guiar la iglesia y al rebaño como la cabeza de la iglesia establecida en el nombre de Jesucristo. De lo contrario, será difícil soportar el juicio.

Santiago 3:1 dice: *"Hermanos míos, no os hagáis maestros muchos de vosotros, sabiendo que recibiremos mayor condenación"*. Por el contrario, si el pastor dirige el rebaño a pastos verdes y aguas de reposo, y los dirige a un buen lugar de descanso en el reino de los cielos, recibirá recompensas y honor inigualable.

Por consiguiente, el mensaje para las siete iglesias es la súplica sincera del Señor para todos los ministros y creyentes de todas las iglesias del mundo. Para que los hijos de Dios estén firmes de manera adecuada, las iglesias deben estar firmes apropiadamente. Es por ello que el Señor ha enviado su súplica sincera a muchas iglesias y ministros.

*"El que tiene oído, oiga lo que el Espíritu dice a las iglesias".*

# Tabla de contenidos

# Capítulo 1

# La iglesia de Éfeso
- Exhortación por olvidarse
  de su primer amor

La idolatría era aceptada y ampliamente practicada en Éfeso. El Señor elogió a los creyentes en Éfeso por su perseverancia, por no tolerar a las personas malas, por poner a prueba a aquellos que se hacían llamar apóstoles, pero no lo eran, y por hallarlos mentirosos. Elogió que hayan sufrido por causa del nombre del Señor y por no haber desmayado. Sin embargo, el Señor los exhortó por haber abandonado aquellas cosas del primer amor y les instó a que se arrepintieran para que pudieran volver a las obras y acciones que habían tenido en un principio.

En la actualidad existen iglesias que comienzan con fervor y oraciones sinceras y apasionadas, pero a medida que crecen, de manera gradual se vuelven arrogantes y su pasión y amor se enfrían. Este mensaje a la iglesia de Éfeso es dado a las iglesias de este tipo.

1

Escribe al ángel de la iglesia en Éfeso: El que tiene las siete estrellas en su diestra, el que anda en medio de los siete candeleros de oro, dice esto: Yo conozco tus obras, y tu arduo trabajo y paciencia; y que no puedes soportar a los malos, y has probado a los que se dicen ser apóstoles, y no lo son, y los has hallado mentirosos; y has sufrido, y has tenido paciencia, y has trabajado arduamente por amor de mi nombre, y no has desmayado.

Pero tengo contra ti, que has dejado tu primer amor. Recuerda, por tanto, de dónde has caído, y arrepiéntete, y haz las primeras obras; pues si no, vendré pronto a ti, y quitaré tu candelero de su lugar, si no te hubieres arrepentido.

Pero tienes esto, que aborreces las obras de los nicolaítas, las cuales yo también aborrezco. El que tiene oído, oiga lo que el Espíritu dice a las iglesias. Al que venciere, le daré a comer del árbol de la vida, el cual está en medio del paraíso de Dios.

# La carta del Señor a la iglesia de Éfeso

"Escribe al ángel de la iglesia en Éfeso: El que tiene las siete estrellas en su diestra, el que anda en medio de los siete candeleros de oro, dice esto" (Apocalipsis 2:1-7).

Cada año en el mes de mayo se realizaba un festival en Éfeso por la diosa Artemisa, la diosa de la prosperidad. La ciudad de Éfeso estaba ubicada en la costa occidental de la actual Turquía y en ella habían muchas facilidades para los comerciantes y personas que venían de Siria, India, Arabia y Egipto. Esta era una ciudad muy próspera y era el centro comercial más grande en el Oriente.

El evangelio había sido sembrado en la ciudad de Éfeso a través de los viajes misioneros del apóstol Pablo y no solo era conocido entre los creyentes, sino que incluso se extendió a aquellos que adoraban a la diosa Artemisa.

## Las obras poderosas del Espíritu Santo fueron reveladas en la iglesia de Éfeso

Un día, mientras el apóstol Pablo estaba predicando el evangelio en Asia, se dirigió a Éfeso. Allí conoció a algunos discípulos y les hizo la pregunta: *"'¿Recibisteis el Espíritu Santo cuando creísteis?' Y ellos le dijeron: 'Ni siquiera hemos oído si hay Espíritu Santo'"* (Hechos 19:2).

Luego el apóstol Pablo hizo otra pregunta: *"'¿En qué, pues, fuisteis bautizados?' Ellos dijeron: 'En el bautismo de Juan'"* (Hechos 19:3).

Entonces el apóstol Pablo predicó el evangelio con denuedo a aquellos que no conocían con claridad acerca de Jesucristo. *"Dijo Pablo: Juan bautizó con bautismo de arrepentimiento, diciendo al pueblo que creyesen en aquel que vendría después de él, esto es, en Jesús el Cristo"* (Hechos 19:4).

Finalmente, ellos aceptaron a Jesucristo por medio del apóstol Pablo y recibieron otro tipo de bautismo. Las asombrosas obras del Espíritu Santo vinieron sobre sus vidas al igual que en las demás iglesias primitivas. Ellos recibieron el Espíritu Santo y comenzaron a hablar en lenguas y a profetizar.

Luego, el apóstol Pablo predicó el evangelio por tres meses en las sinagogas de Éfeso. Algunas personas lo criticaban con mentes endurecidas e inflexibles, por lo que salió de allí y predicó el evangelio por dos años en una escuela de Tirano.

Mientras Pablo predicaba el evangelio, Dios realizaba obras extraordinarias por medio de sus manos; cuando los pañuelos o delantales que él había tocado eran llevados a los enfermos, las enfermedades eran sanadas y los demonios huían. Estas noticias se esparcieron por todo Éfeso, y muchos judíos y griegos llegaron a creer en Jesucristo.

Luego, los plateros y artesanos de Éfeso que hacían templecillos de plata de los dioses sintieron que su medio de vida estaba siendo amenazado e intentaron matarlo. Ellos estaban preocupados que las personas dejaran de adorar a la diosa Artemisa y creyeran en Jesucristo.

*"Pero veis y oís que este Pablo, no solamente en Éfeso, sino en casi toda Asia, ha apartado a muchas gentes con persuasión, diciendo que no son dioses los que se hacen con las manos. Y no solamente hay peligro de que este nuestro negocio venga a desacreditarse, sino también que el templo de la gran diosa Diana (Artemisa) sea estimado en nada, y comience a ser destruida la majestad de aquella a quien venera toda Asia, y el mundo entero"* (Hechos 19:26-27)

Cuando los plateros increparon a las personas con acusaciones similares, se llenaron de ira lo suficiente como para poner a toda la ciudad en confusión. Intentaron atrapar a Pablo y a aquellos que se encontraban con él, quienes estaban predicando el evangelio. Pero incluso bajo esta persecución, a través del viaje misionero de Pablo, la iglesia finalmente fue establecida en Éfeso.

## El Señor tiene las siete estrellas en Su diestra

El Señor está escribiendo a esta iglesia de Éfeso. En la primera parte se menciona quién escribe y para quién lo hace. Esto fue enviado para el ángel de la iglesia de Éfeso por Aquel que tiene las siete estrellas en Su diestra.

En este caso, el 'ángel' se refiere a un mensajero o una persona que hace la voluntad del amo, y esto se refiere al pastor que pastorea la iglesia de Éfeso. Aquel que sostiene las siete estrellas en Su diestra es Jesucristo.

Jesús vino a este mundo para salvar a la humanidad pecaminosa; vino para derramar toda Su agua y sangre mediante la brutal crucifixión. Él resucitó, abrió el camino a la salvación y luego ascendió a los Cielos. Ahora, Él está preparando el lugar de la morada de los hijos de Dios en el reino celestial hasta que la Providencia del Cultivo de la humanidad esté completa.

Cuando el momento destinado por Dios llegue, el Señor vendrá en el aire para llevarse a los ciudadanos celestiales, además de venir como un juez.

¿Cuál es la razón para que se refiera al Señor como "El que tiene las siete estrellas en Su diestra, el que anda en medio de los siete candeleros de oro"? (v. 1)

Para la mayoría de personas, la mano derecha tiene más fuerza que la mano izquierda. La mano derecha simboliza poder y fortaleza, y las estrellas representan a las personas. La segunda parte de Apocalipsis 1:20 dice: *"...las siete estrellas son los ángeles de las siete iglesias",* por lo tanto, las siete estrellas se refiere a los pastores de las siete iglesias.

Al decir que el Señor tiene las siete estrellas en Su diestra significa que Dios sostiene a los pastores y a Sus siervos quienes ha escogido con Su poder. Por medio de ellos, Dios se glorifica al mostrar la sanidad divina y las obras milagrosas, las cuales son la evidencia del Dios vivo, y al dar Sus bendiciones que trascienden las limitaciones del tiempo y del espacio (Marcos16:17-20; Hechos19:11-12).

En Mateo 16:18 Pedro dice: *"Y yo también te digo, que tú eres Pedro, y sobre esta roca edificaré mi iglesia; y las puertas del Hades no prevalecerán contra ella".* Tal como se menciona, el pastor y la iglesia seleccionada y establecida por Dios no puede ser destruida por el diablo o por cualquier otra cosa.

Por consiguiente, si alguien juzga y condena a una iglesia y a un pastor que está sostenido por la diestra del Señor, significa que está juzgando y condenando al Señor mismo.

## El Señor anda en medio de los siete candeleros de oro

Se menciona que el Señor anda en medio de los siete candeleros de oro. El oro espiritualmente simboliza la fe inmutable, y los candeleros de la iglesia. Los candeleros de oro se refiere a las iglesias que están establecidas mediante la fe en el Señor, las iglesias que son compradas por la sangre del Señor y que son el cuerpo de Cristo. El número siete significa perfección. Los 'siete candeleros de oro' se refiere a las iglesias que son establecidas en el nombre del Señor.

Las velas de los candeleros se refieren a los creyentes. Así como las velas hacen brillar su luz en las tinieblas cuando están encendidas, cuando las iglesias donde se reúnen los creyentes están llenas del Espíritu y viven en la verdad, hacen brillar su luz. Si nosotros tenemos fe verdadera, viviremos en la luz de acuerdo a la Palabra de Dios. Por medio de las iglesias que poseen este tipo de creyentes, muchas personas saldrán de las tinieblas a la luz y alcanzarán la salvación.

El Señor que anda en medio de los siete candeleros significa que Él se está moviendo a través de todas las iglesias establecidas por Dios y las observa con sus ojos resplandecientes.

Al decir 'El que tiene las siete estrellas en su diestra, el que anda en medio de los siete candeleros de oro', significa que aquellas iglesias que están establecidas en el nombre del Señor y aquellos pastores que el Señor está sosteniendo con Su poder, luego se convertirán en la norma de juicio.

En la actualidad, hay muchas iglesias y pastores que predican la Palabra de Dios, sin embargo, no todas sus enseñanzas son la verdad. Solo los siervos verdaderos que Dios reconoce y garantiza pueden predicar lo preciso y la verdadera voluntad de Dios y la norma de juicio.

Además, no todas las iglesias cumplirán con el deber de ser un arca de salvación. En los días finales, solo aquellas iglesias que el Señor sostenga podrán cumplir con su deber. En lo externo quizás estén establecidas en el nombre del Señor, pero es posible que el Señor en realidad no esté con muchas iglesias.

En el Juicio Final, no sólo cómo un individuo condujo su vida cristiana en la Tierra, sino también a qué iglesia pertenecía, será una norma de juicio. Por consiguiente, este asunto es muy importante. Claro está, la salvación se decide por la relación de cada individuo con Dios. No obstante, tiene gran influencia en los creyentes en qué tipo de iglesia llevan su vida cristiana y a qué tipo de pastor sirven.

Por ejemplo: si es que no conoce bien la verdad, y el pastor de una iglesia juzga y condena a otro pastor u otra iglesia, entonces los miembros de esta iglesia quizás juzguen y condenen a otro pastor o iglesia de la misma manera. En este caso, aunque quizás no tengan ninguna mala intención, no podrá ser pasado por alto en el Día del Juicio.

Por lo tanto, debemos darnos cuenta de cuán importante es

saber a qué tipo de iglesia pertenecemos y de qué tipo de pastor nosotros aprendemos. Si la cabeza de la iglesia dirige muchas almas al camino de la muerte, el juicio será muy grande. Por el contrario, si el pastor dirige el rebaño que le fue confiado a pastos verdes y a aguas de reposo, llevándolos a buenos lugares en el reino celestial, él recibirá grandes recompensas y honor.

El Señor que tiene las siete estrellas en su diestra, el que anda en medio de los siete candeleros de oro, está observando cada aspecto y acción de las iglesias con sus ojos resplandecientes.

## Las iglesias de la actualidad que son como la iglesia de Éfeso

Ya que el mensaje a las siete iglesias es universalmente aplicable a todas las iglesias del mundo, independientemente de dónde o cuándo, incluso entre las iglesias modernas podemos encontrar ejemplos de cada una de las siete iglesias.

El Señor ha dado Su palabra a las iglesias que son como la iglesia Éfeso. Muchas de ellas piensan que han cumplido con el reino de Dios en gran manera, pero hay un número sorprendentemente grande de iglesias que no sólo han perdido su primer amor, sino que no han sido capaces de recuperarlo.

Dios realmente ha dado Su palabra concerniente a una iglesia en especial. Desde la apertura de esa iglesia, los miembros intentaron vivir en la verdad por un tiempo y tuvieron que soportar todo, incluso la persecución, por causa del nombre del Señor. Ellos tenían el fervor del primer amor; estaban unidos como uno en oración, incluso en medio de la persecución, e intentaron cumplir la voluntad de Dios de la mejor manera posible.

Intentaron entrar en niveles más profundos del espíritu y fue predicada la Palabra de la verdad de Dios. De manera diligente intentaron hacer engrandecer el reino de Dios, quien fue complacido por ellos y Él los bendijo, por esta razón la iglesia creció grandemente día a día. Los miembros de la iglesia recibieron bendiciones e incluso recibieron obras de sanidad.

Sin embargo, a medida que la iglesia cada vez se estabilizó y fue reconocida por otras iglesias, comenzó a cambiar. La influencia era muy grande.

Si se hubieran apartado el momento que se olvidaron del primer amor y hubieran comenzado a cambiar, habrían recuperado el primer amor. Pero ya habían sido tomados por el orgullo de haber alcanzado tanto. Finalmente el orgullo creció hasta convertirse en arrogancia al pensar que Dios mismo los reconocía.

Incluso desarrollaron una condición en la que ellos juzgaban, condenaban y criticaban a las demás iglesias y debido al orgullo que ellos tenían por ser reconocidos por los demás, incluso juzgaron y condenaron a otras iglesias y pastores como heréticos.

La Palabra de Dios nos dice que jamás debemos juzgar o condenar a los demás. Por consiguiente, debemos discernir con la Palabra de Dios y no desarrollar arrogancia, la misma que puede cubrir nuestros ojos y causar que nos quedemos ciegos. Además de ello, ningún siervo de Dios o pastor que es sostenido por la diestra del Señor mediante las obras poderosas de Dios debería ser juzgado por normas personales o individuales que no son siempre correctas.

Los miembros de la iglesia ya no tenían el deseo de sacrificarse a sí mismos ni tampoco soportarlo todo por la verdad. Cada vez oraban menos y, en vez de seguir la voluntad de Dios, querían disfrutar de aquello que ya habían alcanzado. Aparentemente parecía que la iglesia aún estaba en crecimiento, pero el fervor y el entusiasmo de la fe que ellos poseían en su interior desapareció.

Lo mismo sucede con la fe de los individuos. Después de que alguien acepta al Señor, mientras se mantiene la pasión del primer amor, dicha persona no se pierde de ninguna reunión de oración o campaña evangelística, y de buena voluntad recibe responsabilidades de parte de la iglesia. Pero a medida que el tiempo pasa, quizás ya no se siente con tanto entusiasmo de sus responsabilidades, es más, es posible que ya no sienta el deseo de cumplir con ellas. Quizás cambie sus responsabilidades o por su propia voluntad termine con todas ellas de una vez.

Claro, quizás alguien tenga muchas responsabilidades e intente mantenerlas bajo control, pero esto es muy diferente a cambiarlas porque ya no quiere hacerse cargo de ellas. Pero debido a que tiene fe, sigue asistiendo a los servicios de adoración y a las reuniones de oración, aunque el fervor que anteriormente tenía desapareció y ya no hay ningún crecimiento personal en la fe.

## Causas fundamentales del hecho de llegar a ser como la iglesia de Éfeso

Cuando las personas comienzan primeramente a perder su primer amor, aunque quizás parezca que ellos siguen intentando, sienten temor y angustia a causa de ello. Sienten la necesidad de hacer algo al respecto, pero a medida que el tiempo pasa, sus corazones se vuelven cada vez más insensibles al sentimiento. Con el tiempo, pierden por completo la sensibilidad a este sentimiento. Tanto para los individuos como para las iglesias, la razón fundamental de perder el primer amor y de llegar a ser como la iglesia de Éfeso se debe a que no están profundamente arraigados en la fe.

Los árboles con raíces profundas no son sacudidos con facilidad. De la misma manera, si nosotros tenemos raíces profundas en la Palabra de Dios y en la oración, no seremos sacudidos en ninguna situación. Podremos hallar nuestros errores cada día por medio de la Palabra de Dios y cambiar nuestros corazones con la oración y, por lo tanto, no hay razón para perder la llenura del Espíritu. Con la plenitud del Espíritu tampoco tendremos ninguna angustia dando vueltas en nuestros corazones.

Puede ser que alguien crea en Dios, predique el evangelio a los demás y ore, pero debido a que no tiene raíces profundas de la fe, no tiene un fruto sustancial de avivamiento, ni tampoco tienen evidencias de ser amado por Dios. Por lo tanto, puede cambiar de parecer fácilmente. Ahora sólo quiere comprometerse con la realidad de la situación actual, no hay progreso en sus creencias, sino que reincide en lo mismo.

Por consiguiente, debemos discernir exactamente el estado actual de nuestra fe y, de manera rápida, arrepentirnos y cambiar. De lo contrario, Dios dice que quitará el candelero de su lugar (Apocalipsis 2:5). Entonces, la gracia de Dios y el Espíritu Santo se moverán hacia otra iglesia de creyentes para cumplir con la voluntad de Dios y Su Providencia.

De esta manera, por medio del mensaje dado a la iglesia de Éfeso, debemos examinar nuestra fe personal y la fe de los diferentes grupos dentro de la iglesia, para así determinar para lo que podemos ser elogiado y de lo que seremos amonestados por el Señor.

# El elogio dado a la iglesia de Éfeso

"Yo conozco tus obras, y tu arduo trabajo y paciencia; y que no puedes soportar a los malos, y has probado a los que se dicen ser apóstoles, y no lo son, y los has hallado mentirosos; y has sufrido, y has tenido paciencia, y has trabajado arduamente por amor de mi nombre, y no has desmayado" (Apocalipsis 2:2-3).

En las cartas a las siete iglesias, podemos apreciar que la manera en la cual el Señor trata con cada iglesia es diferente. De acuerdo a las diferentes iglesias Él elogia al mismo tiempo que reprende, a otra solo reprende, otra solo recibe elogios y a otra simplemente aconseja sin dar elogios o reprensión.

Si nosotros aprendemos de este ejemplo del Señor en la

manera de tratar con las siete iglesias, podremos aconsejar a los demás con efectos positivos. Antes de que el Señor reprendiera a la iglesia en Éfeso, primeramente elogió sus buenos puntos y luego la reprendió por sus faltas.

Cuando nosotros intentamos que alguien más comprenda sus faltas, si antes lo reprendemos y luego lo elogiamos su corazón ya está cerrado al escuchar la represión, por lo que no será eficaz. Pero al elogiar primero los buenos puntos, podemos causar que su corazón se abra de manera amplia y entonces, si se señalan las cosas que pueden cambiar después de eso, las aceptará con una actitud más positiva.

Por lo tanto, si alguien no tiene nada de lo cual se lo pueda elogiar, lo mejor será no reprenderla en absoluto. En este caso, esta persona perderá su fortaleza y se retirará. Por consiguiente, en este tipo de casos, será más sabio dar un consejo con amor sin tener que reprenderlo. Ahora, demos un vistazo a los detalles del elogio del Señor a la iglesia de Éfeso.

## La iglesia de Éfeso persevera para actuar en la verdad

Primeramente, el Señor los elogia por perseverar para poner en práctica la verdad. El pastor y los creyentes de la iglesia en Éfeso intentaron vivir por medio de la Palabra de Dios, absteniéndose de lo que no estaba bien uno a uno de acuerdo a la verdad.

En la Palabra de Dios existen generalmente cuatro tipos de

mandatos: hacer, no hacer, guardar y desechar ciertas cosas. Por ejemplo: existen cosas como el 'amor', el 'perdón', 'no envidiar', 'guardar el día de reposo', 'abstenerse de toda forma de maldad', etc. Para poder poner en práctica todas las palabras de la verdad es necesario perseverar.

La Palabra de Dios nos dice que tengamos presente el Día de reposo y que lo santifiquemos. Por lo tanto, el domingo debemos ir a la iglesia y adorar a Dios en espíritu y en verdad; están prohibidos los entretenimientos del mundo, comprar y vender cosas y dirigir negocios. Para mantener la palabra que nos dice que oremos constantemente, debemos orar de manera diligente.

Sin embargo, en la actualidad, ¿cuántas iglesias pueden en realidad recibir elogios por guardar la Palabra de Dios? Hebreos 10:24-25 dice: *"Y considerémonos unos a otros para estimularnos al amor y a las buenas obras; no dejando de congregarnos, como algunos tienen por costumbre, sino exhortándonos; y tanto más, cuanto veis que aquel día se acerca"*. Pero al querer llevar una forma cómoda de vida cristiana, este tipo de reuniones están desapareciendo en muchas iglesias.

Hebreos 12:4 dice: *"Porque aún no habéis resistido hasta la sangre, combatiendo contra el pecado"*. Nos dice que batallemos en contra del pecado al punto de derramar sangre. En 1 Corintios 4:2 leemos: *"Ahora bien, se requiere de los administradores, que cada uno sea hallado fiel"*. Apocalipsis 2:10 nos dice: *"...Sé fiel hasta la muerte..."*.

Para lograr abstenernos del pecado y la maldad en nuestro corazón, debemos batallar al punto de derramar nuestra sangre. Para ser fiel a nuestra responsabilidad hasta la muerte, obviamente necesitamos perseverar y tener fuerzas para resistir. Aun cuando nosotros mismos podemos pensar que estamos luchando diligentemente contra los pecados y somos fieles, no debemos estar satisfechos con nosotros mismos pensando: "He logrado tanto".

2 Corintios 10:18 dice: *"Porque no es aprobado el que se alaba a sí mismo, sino aquel a quien Dios alaba".* Nosotros debemos ser reconocidos por el Señor. Esto no quiere decir que debemos abstenernos del pecado y ser fieles solo para recibir elogios. Incluso después de habernos esforzado al máximo, deberíamos ser capaces de confesar que solo hicimos lo que teníamos que hacer. Debemos tener el tipo de corazón del siervo inútil (Lucas 17:10).

Solo de esta manera podemos convertirnos en iglesias y creyentes a quienes el Señor en realidad puede elogiar. Fue porque la iglesia de Éfeso realmente se esforzó para practicar la verdad y perseveró para que el Señor pudiera elogiarlos por ello diciendo: "Yo conozco tus obras, y tu arduo trabajo y paciencia" (v. 2).

## La iglesia de Éfeso no toleró a las personas malvadas

En segundo lugar, el Señor elogió a los miembros de la iglesia de Éfeso por no tolerar a las personas malvadas. Algunos quizás malinterpreten la Palabra de Dios y digan: "Se supone que la iglesia debe amar a todas las personas, por lo que incluso tenemos que aceptar a aquellos que cometen pecado".

Por supuesto, en el Señor debemos perdonar setenta veces siete y sobrellevar a los demás hasta que cambien. Sin embargo, esto no significa que incluso debemos abandonar a aquellos que están cayendo a la muerte debido al pecado.

Cuando los hijos van por el mal camino, si los padres los aman, no simplemente les seguirán perdonando sino que no deben dejar de corregir al niño ni consentirlo y deben reprenderlo cuando sea necesario. Lo mismo sucede en el Señor. Dios no tiene tinieblas en absoluto, sino que Él es santo; Él no acepta nada malo.

1 Corintios 5:11-13 dice: *"Más bien os escribí que no os juntéis con ninguno que, llamándose hermano, fuere fornicario, o avaro, o idólatra, o maldiciente, o borracho, o ladrón; con el tal ni aun comáis. Porque ¿qué razón tendría yo para juzgar a los que están fuera? ¿No juzgáis vosotros a los que están dentro? Porque a los que están fuera, Dios juzgará. Quitad, pues, a ese perverso de entre vosotros".*

No debemos malinterpretar estas palabras. Esto no significa que tenemos que permanecer lejos de los no creyentes o aislar a los nuevos creyentes que acaban de entrar en la fe. No obstante, si alguien con el título de diácono o de anciano en la iglesia y, quien se supone que debe tener fe, comete tales pecados, entonces debemos alejarnos de él y sacarlo de la iglesia.

Jesús nos dice que perdonemos incluso setenta veces siete (Mateo 18:22), ¿pero por qué Él nos dice que no perdonemos a tales personas sino que las saquemos de nuestras vidas? El Señor está lleno de amor. Incluso si alguien ha cometido pecado, si se arrepiente y cambia, el Señor tendrá misericordia de él y lo perdonará.

Pero si alguien no cambia sabiendo que está cometiendo un pecado, significa que tiene un corazón endurecido. Recibirá más obras de Satanás y hará cosas cada vez peores y, finalmente, también causará gran daño a la iglesia.

La iglesia es un lugar para salvar a las almas y engrandecer el reino de Dios de acuerdo a Su voluntad. Pero debido a este tipo de personas, el reino de Dios se ve obstaculizado. Si nosotros dejamos que estas personas hagan lo que ellos quieran, se propagará y afectará a las demás personas como la levadura en la masa. Es por ello que el Señor nos dice que apartemos a ese tipo de personas de nuestras vidas. No obstante, esto no significa que debamos sacarlos de nuestras vidas tan pronto como cometan un pecado.

## Cómo aconsejar a un hermano que ha pecado

Mateo 18:15-17 nos dice: *"Por tanto, si tu hermano peca contra ti, ve y repréndele estando tú y él solos; si te oyere, has ganado a tu hermano. Mas si no te oyere, toma aún contigo a uno o dos, para que en boca de dos o tres testigos conste toda palabra. Si no los oyere a ellos, dilo a la iglesia; y si no oyere a la iglesia, tenle por gentil y publicano".*

Si un hermano en la fe ha hecho algo malo, no deberíamos divulgarlo al resto de personas sino aconsejarle con un corazón amoroso. Si él en ese momento cambia, no irá por el camino de la muerte y significa que podrá ser salvo. Pero si este hermano no quiere escuchar, solo deberíamos decírselo a un par de personas que estén en una posición más alta dentro de la iglesia para que de esta manera le aconsejen.

Si aún así él no quisiere escuchar, de acuerdo al orden, debemos decírselo al pastor quien tiene una jerarquía eclesiástica más alta en la iglesia. De esta manera, se tendrá que aconsejar con la Palabra de Dios o, si es necesario, reprenderlo para que se aparte del pecado. Pero si aún así él no quisiere escuchar, entonces Dios nos dice que lo consideremos como a un gentil y publicano. Si a esta persona se le permite continuar sin ninguna restricción, provocará que los demás en la iglesia pequen, causando gran dificultad dentro de la congregación.

Dios no nos dice que no debemos tolerar a las personas que

actúan con maldad dentro de la iglesia porque no tiene amor sino por la mayoría de almas y para hacer que la iglesia sea santa. La iglesia fue comprada mediante la sangre del Señor y también es el cuerpo de Cristo.

Algo que hay que tener en cuenta aquí es que nuestro consejo a un hermano en la fe no será de ninguna utilidad si nosotros mismos no vivimos en la verdad. Si es que no vivimos en la verdad, sino que simplemente aconsejamos a otro hermano diciéndole: "Hermano, Dios aborrece el pecado. Debe regocijarse en todo tiempo, orar continuamente y dar gracias", entonces quizás tenga repercusiones negativas.

Jesús dijo en Mateo 7:3-5: *"¿Y por qué miras la paja que está en el ojo de tu hermano, y no echas de ver la viga que está en tu propio ojo? ¿O cómo dirás a tu hermano: Déjame sacar la paja de tu ojo, y he aquí la viga en el ojo tuyo? ¡Hipócrita! saca primero la viga de tu propio ojo, y entonces verás bien para sacar la paja del ojo de tu hermano"*.

Antes de que nosotros aconsejemos a otra persona debemos primeramente abstenernos de nuestra maldad y no poseer sentimientos de falsedad. Solo entonces podremos aconsejar a otra persona. El momento que alcancemos esta condición podremos entonces aconsejar de manera que la otra persona no sea ofendida y así no habrá malos entendidos. El consejo debería ser aceptado con gozo.

En 1 Pedro 1:16 Dios nos ordena que seamos santos como

Él es santo. Tenemos una razón muy clara para ser santos. Dios entregó a Su único Hijo, Jesucristo, como un sacrificio expiatorio para redimirnos de nuestros pecados. Además nos ha dado el Espíritu Santo a los creyentes para que podamos abstenernos del pecado y vivir en la luz. Entonces, ¿cómo puede Dios permitir maldad en la iglesia que es el cuerpo de Cristo?

Sin embargo, en la actualidad existen muchas iglesias que no reprenden o controlan las cosas malas que se dan dentro de la iglesia. Simplemente lo ignoran o lo toleran. A la gente de la iglesia le preocupa que los miembros abandonen la congregación si se les da un consejo o si son reprendidos por sus pecados. Otros sienten afecto y afinidad carnal por la gente mala, y algunos incluso se comprometen con las riquezas y la autoridad y toleran a los hombres malos en la iglesia.

Pero, ¿cuál es el rol de la iglesia? El rol de la iglesia es enseñarle a los hijos de Dios a vivir en la verdad y guiar a todas las almas posibles al reino de los cielos. El pastor y los líderes deben de manera estricta alertar acerca de las cosas que son pecaminosas delante de Dios y que conducen a los creyentes a la muerte. Ellos deberían alentar y aconsejar a los miembros de la iglesia con amor para abstenerse de los pecados y llevar una vida santa.

## La iglesia de Éfeso probó y reveló a los falsos apóstoles

En tercer lugar, los miembros de la iglesia de Éfeso fueron

elogiados por poner a prueba y hallar mentirosos a aquellos que se hacían llamar a sí mismos apóstoles, pero no lo eran. En este caso, los 'apóstoles' no se refiere a los doce discípulos de Jesús o al apóstol Pablo, sino que es un término genérico para referirse a todos aquellos que tienen un título y una responsabilidad en la iglesia.

En las iglesias de hoy, existen muchos títulos incluyendo los ministros, ancianos, diaconisas mayores y diáconos. Independientemente de si en verdad tienen fe o no, ya que han asistido a la iglesia durante algún tiempo, algunos de ellos sólo reciben el título de parte de la iglesia. Incluso si recibimos grandes títulos y muchas responsabilidades, si Dios no nos reconoce, no sirve de nada.

Aunque hayamos recibido títulos debido al tiempo que hemos asistido a la iglesia o por nuestra apariencia externa, si es que no somos reconocidos por Dios, somos simplemente apóstoles que nos hacemos llamar así, pero en realidad no lo somos. Entonces, ¿qué significa que la iglesia de Éfeso haya puesto a prueba a aquellos que se hacían llamar apóstoles y no lo eran, y hallaron que eran mentirosos?

Por ejemplo: supongamos que un pastor le enseña a los miembros de la iglesia que se abstengan de los pecados y la maldad y que vivan en base a la Palabra de Dios. Aquellos miembros que tienen fe recibirán la palabra con un 'amén' y la obedecerán. En Hebreos 4:12 encontramos que cuando la Palabra de Dios es viva y eficaz y más cortante que toda espada de dos filos y que penetra hasta partir el alma y el espíritu de las coyunturas y los tuétanos, se puede descubrir lo que no es correcto de acuerdo a la verdad, arrepentirse y apartarse de ello. Pero aquellas personas que tienen corazones endurecidos no cambiarán ni siquiera después de escuchar la Palabra de Dios, sino que, al contrario, si sienten que su maldad será revelada, engañan a otros miembros de la iglesia, hablan de manera negativa en contra del pastor y la iglesia y luego abandonan la congregación. De esta manera se revela la falsedad de aquellos que se hacen llamar apóstoles pero no lo son.

Incluso entre los pastores hay aquellos que se hacen llamar apóstoles pero en realidad no lo son. Como pastores, ellos juzgan y condenan a otras iglesias o pastores con la Palabra de Dios y ellos mismos se han convertido en personas ciegas que guían al rebaño por el camino equivocado. Este fue el caso de los sumos sacerdotes, los escribas y los fariseos.

En Mateo 23, Jesús los llama 'guías ciegos' y los exhorta diciéndoles: *"Así también vosotros por fuera, a la verdad, os mostráis justos a los hombres, pero por dentro estáis llenos de hipocresía e iniquidad"* (v. 28).

Dios permite a veces que sucedan pruebas en la iglesia para revelar este tipo de falsedades. Durante estas pruebas, quizás la iglesia enfrente muchas persecuciones y dificultades.

Por ejemplo: cuando Esteban señaló los pecados y las iniquidades de las personas malas, sus corazones fueron ofendidos y lo apedrearon hasta la muerte. De igual manera, cuando los pecados de las personas malas son señalados o cuando su identidad es revelada, sacan a la luz la maldad que hay en ellos. Por lo tanto, cuando Dios permite pruebas para revelar a aquellos que se hacen llamar apóstoles pero no lo son, los que tienen una fe débil quizás pierdan esa fe.

Pero aquellos que poseen una fe genuina no serán sacudidos en ningún tipo de situación. Al igual que el suelo se hace más firme luego de la lluvia, ellos tendrán una fe firme y mayor bondad por medio de las pruebas. Además, luego de pasar la prueba no solo un individuo, sino toda la iglesia, recibirá las bendiciones de Dios.

## La iglesia de Éfeso no desmayó en su sufrimiento y perseveró por amor al nombre del Señor

En cuarto lugar, el Señor elogió a la iglesia de Éfeso por su perseverancia y por trabajar arduamente por el nombre del Señor sin desmayar. Cuando escuchamos la Palabra de Dios y descubrimos nuestros pecados a través del mensaje, debemos arrepentirnos, intentar cambiar y vivir por la Palabra de Dios.

Pero en ciertas ocasiones, si los pecados de las personas

son señalados mientras se escucha la Palabra, más bien estas se vuelven desafiantes y crean algún tipo de prueba. Sin embargo, un verdadero pastor tendrá paciencia aún con este tipo de personas. Orará con lágrimas y los abrazará con amor; continuará enseñándoles con la palabra de vida para que estas personas no vayan por el camino de la muerte.

Moisés subió al monte solo y ayunó por cuarenta días para recibir los Diez Mandamientos de parte de Dios. Mientras tanto, el pueblo de Israel se hizo un ídolo para adorarlo. Esto fue un gran pecado. Dios se encontraba enfurecido y estaba a punto de destruir completamente al pueblo de Israel. Sin embargo, Moisés con lágrimas oró a favor de ellos (Éxodo 32:31-32).

El apóstol Pablo fue golpeado y encarcelado mientras predicaba el evangelio; él había sufrido mucho, pero pudo vencer sobre todas las cosas por haber perseverado y sufrido por amor al nombre de Jesucristo. El pastor de la iglesia de Éfeso también perseveró y sufrió por amor al nombre del Señor y no desmayó y por ello el Señor lo elogió.

Si el pastor desmaya y se vuelve perezoso, entonces ya no orará. De esta manera ya no podrá proteger el rebaño en la guerra espiritual en contra del enemigo diablo, y traer de vuelta a la oveja perdida.

Solo cuando el pastor es diligente puede cuidar del rebaño y cumplir con sus responsabilidades. Hoy, para obtener el elogio del Señor, la iglesia junto al pastor deberían actuar de esta manera.

Especialmente durante estos tiempos finales en los que el mundo está lleno de pecado, se requiere de mucha perseverancia y arduo trabajo para guiar al rebaño al reino de los Cielos. Aunque enseñemos la verdad y mostremos las evidencias por las cuales pueden creer, quizás aún sigamos viendo algunas almas que siguen siendo amigas del mundo y que habitan en las tinieblas. A pesar de esto, debemos seguir orando por ellas con gemidos y llanto, y siempre debemos estar alertas para cuidar a las almas. Debemos preocuparnos por ellas con mucho amor, sin desmayar y sin ser perezosos.

En la actualidad, incluso entre los creyentes, existen personas que distorsionan la verdad. Bajo el nombre de la comprensión y la armonía, se comprometen con las tendencias de este mundo. Así pues, hay tantas cosas que tenemos que soportar por amor al nombre del Señor. Si nosotros poseemos fe verdadera en el Señor, soportaremos con gozo y acción de gracias en cualquier tipo de prueba o tribulación; no desmayaremos sino que diligentemente oraremos y cumpliremos todas nuestras responsabilidades.

# La reprensión del Señor a la iglesia de Éfeso

"Pero tengo contra ti, que has dejado tu primer amor. Recuerda, por tanto, de dónde has caído, y arrepiéntete, y haz las primeras obras; pues si no, vendré pronto a ti, y quitaré tu candelero de su lugar, si no te hubieres arrepentido" (Apocalipsis 2:4-5).

La iglesia de Éfeso fue elogiada por haber sufrido y trabajado arduamente para poner en práctica la verdad, por no soportar a las personas malas, por desenmascarar a los falsos apóstoles, teniendo paciencia por amor al nombre del Señor y por no haber desmayado en su esfuerzo. Sin embargo, la iglesia de Éfeso también tuvo cosas por las cuales tenía que ser reprendida.

## La iglesia de Éfeso había dejado su primer amor

Ellos habían recibido elogios de parte del Señor, pero luego escucharon la dura advertencia de que el Señor quitaría el candelero de su lugar. Esto se debió a que ellos habían dejado su primer amor y abandonado sus primeras obras. ¿Por qué razón la iglesia de Éfeso tuvo que recibir dicha reprensión?

En Juan 14:21 leemos: *"El que tiene mis mandamientos, y los guarda, ése es el que me ama; y el que me ama, será amado por mi Padre, y yo le amaré, y me manifestaré a él"*. 1 Juan 5:3 dice: *"Pues este es el amor a Dios, que guardemos sus mandamientos; y sus mandamientos no son gravosos"*.

En un principio el pastor y los miembros de la iglesia de Éfeso amaban a Dios y batallaban en contra del pecado y se abstenían del mismo; intentaron vivir por la Palabra de Dios, es más, trabajaron arduamente y obtuvieron la victoria con gozo y gratitud, pero a medida que pasó el tiempo se fueron apartando cada vez más de la verdad.

En cierto momento, perdieron el primer amor. Dejaron de reunirse y de orar, y también dejaron de intentar vivir mediante la verdad y se volvieron nuevamente al mundo.

La mayoría de personas, cuando por primera vez conocen a Dios y reciben el Espíritu Santo, están llenas de abundante gozo por la llenura del Espíritu Santo. Se reúnen en cada servicio y en diferentes tipos de reuniones, esforzándose por orar continuamente. Además, ya que creen en la existencia del Cielo y del Infierno, predican el evangelio a sus hermanos, familiares y vecinos. Se sienten felices al pasar tiempo junto a los hermanos en la fe. Esperan que llegue el domingo y anhelan escuchar la Palabra de Dios.

Pero en algún momento, como la plenitud de su primer amor se enfría, incluso cuando asisten al servicio de adoración, ya no pueden adorar en espíritu y en verdad. Simplemente asisten al servicio por un sentido de deber. Además, no solo en el servicio, sino también en el tiempo de oración, se quedan dormidos. Dejan de tener fuerzas para batallar en contra del pecado y abstenerse del mismo, por lo que se comprometen con el mundo y nuevamente se manchan con el pecado.

¿Cómo está nuestra fe actualmente? ¿Por qué no pensamos en la emoción del primer amor, cuando por primera vez recibimos el Espíritu Santo y nuestro corazón fue lleno de una alegría inexplicable? Pensando en la clase de corazón que teníamos al principio, ¿cuántos de nosotros podemos decir con confianza que nuestro primer amor no se ha enfriado o cambiado? ¿No pensamos que era totalmente natural el haber perdido nuestro primer amor?

Sin embargo, el Señor nos reprende por perder nuestro primer amor. Además Él nos dice: "Recuerda, por tanto, de dónde has caído, y arrepiéntete, y haz las primeras obras..." (v. 5). Debemos darnos cuenta en qué momento comenzamos a perder nuestro entusiasmo inicial, y arrepentirnos y cambiar para recuperar las primeras obras, el primer fervor y la plenitud que tuvimos en el principio.

## Razón por la cual uno se olvida de su primer amor

Un hombre y una mujer que se aman mucho, se unen y se vuelven uno en matrimonio. No obstante, a medida que transcurre el tiempo, cambian de parecer, es decir, se olvidan de su primer amor. Si mantienen su primer amor, su relación siempre será bueno en todo tiempo, y de esta manera no tendrán problemas.

Lo mismo sucede con nuestro amor por Dios y el Señor. Algunas persona argumentan que han caído en pruebas debido a las acciones de otros hermanos en la fe. Otros dicen que comenzaron a faltar a los servicios un par de veces para ganar algo de dinero el día domingo y que ahora es muy difícil guardar el Día del Señor como un día santo. Incluso algunas personas mencionan que han tenido un problema con el pastor o que cayeron en pruebas por tener dudas acerca del mensaje predicado.

Sin embargo, la razón primordial por la que perdemos nuestro primer amor es que nuevamente nos dejamos seducir por las falsedades de las cuales nos habíamos abstenido. Y aunque ahora estemos llenos del Espíritu, si nuevamente ponemos nuestro ojos en el mundo y aceptamos una vez más las cosas mundanas, quizás caigamos nuevamente en el mundo.

*"No améis al mundo, ni las cosas que están en el mundo. Si alguno ama al mundo, el amor del Padre no está en él. Porque todo lo que hay en el mundo, los deseos de la carne, los deseos de los ojos, y la vanagloria de la vida, no proviene del Padre, sino del mundo"* (1 Juan 2:15-16).

Puede ser que una persona haya circuncidado su corazón de manera diligente con la plenitud del primer amor, pero luego de unos cuantos años se da cuenta que él se encuentra en el mismo estado y que no ha logrado ninguna mejoría en el área espiritual. Se dan repetidamente estos tipos similares de pruebas para vencer, o quizás una persona vea reaparecer formas de maldad de las que pensó que ya se había despojado.

De esta manera el corazón puede sentirse afligido u oprimido, y quizás también piense que debe tomarse un descanso de su esfuerzo. Incluso intenta obtener consuelo y descanso de las cosas de la carne de este mundo. Posiblemente piense que quiere obtener solo un poco de ese consuelo y descanso, pero a medida que sigue con las tendencias de este mundo, un poco por aquí y otro poco por allá, bien podría caer completamente de nuevo en los caminos del mundo.

## "Y quitaré tu candelero de su lugar"

Los asuntos espirituales jamás pueden ser solucionados mediante métodos mundanos. Cuando la fe de una persona se ralentiza en su crecimiento y se detiene, debe descubrir que la manera de solucionar el problema es espiritual. Debe orar más intensamente delante de Dios, atraer la gracia y la fortaleza de lo alto y recibir la ayuda del Espíritu Santo.

Para poder lograr esto, debemos recordar de dónde hemos caído, arrepentirnos y cambiar. Debemos derribar el muro de pecado que se ha creado por olvidarnos del primer amor y dejar las primeras obras. Solo así podremos recibir fortaleza y gracia para correr nuevamente. No debemos solo arrepentirnos, sino desgarrar nuestro corazón en arrepentimiento.

'Dios el Padre ha dado Su Hijo unigénito por mí. El Señor tomó la cruz por mí y enfrentó muchos tipo de sufrimientos y burlas para demostrar Su amor por mí. ¿Cómo puedo olvidarme de Su amor y gracia?'

Este tipo de arrepentimiento debe provenir de lo más profundo de nuestros corazones y, de esta manera, producir el fruto del arrepentimiento. Debemos estar llenos del Espíritu y recobrar la vida cristiana apasionada que una vez tuvimos en nuestro caminar.

El Señor exhorta a la iglesia de Éfeso por olvidarse de

su primer amor y además les dice que se arrepientan. De lo contrario, el Señor quitará el candelero de su lugar. En este caso el candelero se refiere a la iglesia, y esta frase tiene dos significados principales.

Primero: 'quitaré tu candelero de su lugar', significa que el Señor quitará el Espíritu Santo del corazón de cada individuo.

En 1 Corintios 3:16 leemos: *"¿No sabéis que sois templo de Dios, y que el Espíritu de Dios mora en vosotros?"* Nuestro cuerpo es el templo santo de Dios. 'Quitaré tu candelero' significa quitar la iglesia, el cuerpo de Cristo. Por lo tanto, significa que el Señor quitará el Espíritu Santo que mora en nuestros corazones.

1 Tesalonicenses 5:19 dice: *"No apaguéis al Espíritu"*, y 1 Corintios 3:17 dice: *"Si alguno destruyere el templo de Dios, Dios le destruirá a él; porque el templo de Dios, el cual sois vosotros, santo es"*. Dios dice que Él destruirá al hombre si este destruye el templo de Dios. Esto quiere decir que si Dios quita el Espíritu Santo de nuestras vidas, ya no podemos ser el templo santo de Dios.

Después de recibir el Espíritu Santo, si nosotros perdemos el primer amor, vivimos en el pecado y tenemos amistad con el mundo, el Espíritu Santo no puede tomar nuestro corazón como un templo santo ni morar en nosotros. Si nos arrepentimos y cambiamos antes de que el Espíritu Santo se apague, Dios nos da de Su gracia y nos brinda una nueva oportunidad. Pero si nosotros no nos arrepentimos ni cambiamos, y por último sobrepasamos el límite de Su justicia, nos será quitado el Espíritu Santo.

Pero hasta que uno alcance este tipo de situación, el Espíritu Santo constantemente se lo hará saber. Por causa del gemir del Espíritu Santo sentirá la tribulación, la preocupación, la ansiedad y la angustia en su corazón. Además, por medio de la Palabra de Dios, Él permite que uno se arrepienta. Sin embargo, si uno no se arrepiente y finalmente le es quitado el Espíritu Santo, entonces, naturalmente este no podrá ayudarlo. Ya que uno tiene conocimiento de la verdad, quizás intente cambiar, pero debido a que ya no puede recibir la ayuda del Espíritu Santo, no puede arrepentirse.

En vez de arrepentirse, intentará obtener consuelo en el corazón al aceptar las cosas de la carne de este mundo. Si uno alcanza este tipo de estado, le será muy difícil cambiar. Sin el sacrificio de amor que va más allá de la justicia de Dios, no se puede evitar caer en la muerte eterna. Por consiguiente, todos los hijos de Dios que han recibido el Espíritu Santo jamás deberían alcanzar este tipo de situación.

Segundo: 'quitaré tu candelero de su lugar', significa que el Señor quitará el Espíritu Santo de la iglesia.

No solo como individuos sino también como una iglesia, si el primer amor se enfría, las obras del Espíritu Santo desaparecen y el avivamiento también se detiene.

Quizás al comienzo de la iglesia clamaban a Dios en oración, pero luego de experimentar un avivamiento hasta cierto punto, su fervor se enfría. Ya no oran más con fervor, dejan de reunirse, ya no comparten el evangelio diligentemente.

Una vez que las obras del Espíritu Santo son gradualmente cortadas, caen en un letargo espiritual. Cuando las obras del Espíritu Santo se detienen, no es fácil reavivar las oraciones fervientes y recuperar nuevamente la plenitud del Espíritu Santo. Dado que la iglesia pierde su primer amor y Dios quita el candelero, el Espíritu Santo deja de obrar.

Si el Espíritu Santo deja de obrar en una iglesia, Satanás rápidamente comienza a obrar para causar divisiones y pleitos. La situación puede llegar al punto en que la iglesia se destruya. Aunque no sea tan grave como esta situación, si el Espíritu Santo ya no puede obrar en una cierta iglesia, esto significa que esta ya ha abandonado su deber.

Por consiguiente, nosotros los creyentes que estamos viviendo en el final de los tiempos debemos recordar el verso de 1 Pedro 4:7 que dice: *"Mas el fin de todas las cosas se acerca; sed, pues, sobrios, y velad en oración"*. Nosotros debemos estar alertas. Si perdemos el primer amor, debemos rápidamente arrepentirnos y cambiar para que Dios no quite el candelero de su lugar.

# El consejo y la bendición del Señor otorgada a la iglesia de Éfeso

"Pero tienes esto, que aborreces las obras de los nicolaítas, las cuales yo también aborrezco. El que tiene oído, oiga lo que el Espíritu dice a las iglesias. Al que venciere, le daré a comer del árbol de la vida, el cual está en medio del paraíso de Dios" (Apocalipsis 2:6-7).

Luego de que el Señor elogió y exhortó a la iglesia de Éfeso, Él añadió más elogios a la iglesia; esto fue un acto de sabiduría de Su parte. La exhortación que el Señor le dio al pastor y a los miembros de la iglesia de Éfeso concerniente a la pérdida de su primer amor no fue un simple reproche.

'Quitar el candelero de su lugar' significa que sus nombres en el libro de la vida en el Cielo serían borrados y no podrían ser salvos. Por otra parte, en cuanto a la iglesia, significa que esta no podría cumplir con su deber como cuerpo de Cristo, ya que las obras del Espíritu Santo se detuvieron en esa iglesia.

¡Cuán impactante debió haber sido esto el momento que lo escucharon! Si un creyente llega a recibir consejería y se le dice: "Dios quitará el Espíritu Santo de usted y ya no podrá recibir salvación", entonces dicha persona caería en estado de shock.

Lo mismo sucedió con la iglesia de Éfeso. Por lo tanto, después de que el Señor reprendió duramente al pastor y a los miembros de la iglesia de Éfeso, mantuvo un elogio en reserva para que de esta manera ellos no perdieran la fuerza de su corazón, sino que se arrepintieran y siguieran marchando en su fe. Este elogio fue que la iglesia de Éfeso aborrecía las obras de los nicolaítas.

**La iglesia de Éfeso aborrecía las obras de los nicolaítas.**

Los nicolaitas fueron un grupo formado por Nicolás, uno de los siete diáconos en la iglesia primitiva. Mientras la iglesia primitiva crecía rápidamente (Hechos 6:7), fueron elegidos diáconos para ponerlos a cargo de las obras administrativas de la iglesia, para que los apóstoles pudieran concentrarse en la Palabra de Dios y las oraciones.

*"Entonces los doce convocaron a la multitud de los discípulos, y dijeron: No es justo que nosotros dejemos*

*la palabra de Dios, para servir a las mesas. Buscad, pues, hermanos, de entre vosotros a siete varones de buen testimonio, llenos del Espíritu Santo y de sabiduría, a quienes encarguemos de este trabajo. Y nosotros persistiremos en la oración y en el ministerio de la palabra"* (Hechos 6:2-4).

Entonces escogieron a siete hombres de buena reputación, llenos del Espíritu y de sabiduría, aquellos a los que podían poner a cargo las tareas de la iglesia. Uno de ellos fue Nicolás. Fue elogiado por estar lleno de fe y del Espíritu Santo, pero luego se apartó de la verdad.

Él dijo algo así: "El espíritu es limpio, libre de pecado y santificado. Los hombres cometen pecado ya que sus cuerpos visibles tienen pecados. El pecado no tiene relación con el espíritu dentro de una persona. Por consiguiente, cuando Dios llama a nuestro espíritu, el cuerpo vuelve a ser un puñado de polvo, de esta manera, no importa cuántos pecados cometa el cuerpo, nuestro espíritu será salvo".

Sin embargo, la Palabra de Dios nos dice que aún después de aceptar a Jesucristo como nuestro salvador, si nosotros seguimos cometiendo pecados, el Espíritu Santo se apagará. Si cometemos el pecado de crucificar nuevamente al Señor, no podremos ni siquiera estar dispuestos a arrepentirnos.

Además, en Hebreos 6:4-6 encontramos lo siguiente: *"Porque es imposible que los que una vez fueron iluminados y gustaron del don celestial, y fueron hechos partícipes del Espíritu Santo, y asimismo gustaron de la buena palabra de Dios y los poderes del siglo venidero, y recayeron, sean otra vez renovados para arrepentimiento, crucificando de nuevo para sí mismos al Hijo de Dios y exponiéndole a vituperio".*

El argumento de los nicolaítas fue una distorsión de la Palabra de Dios. Para practicar la Palabra de Dios, debe existir sufrimiento y trabajo arduo. Los nicolaítas creían que a pesar de sus pecados ellos serían salvos. Las personas que aman el mundo y viven en las tinieblas son tentados fácilmente. Incluso mientras intentan abstenerse de los pecados, pueden ser engañados y nuevamente regresar al mundo.

Si alguien enseña este tipo de teorías y las personas están de acuerdo con ellas dentro de la iglesia, pronto toda la iglesia estará manchada con el pecado. En la actualidad, cualquier tipo de obra que de manera astuta distorsione la Palabra de Dios para engañar a los creyentes puede ser considerada como el cumplimiento de las obras de los nicolaítas.

Aunque una persona posea un alto cargo o un título en la iglesia y esté llena del Espíritu y sea elogiada por muchos, mientras no haya cambiado por completo a lo espiritual, puede recibir las obras de Satanás y alejarse de la verdad. Por consiguiente, siempre debemos estar alertas para no caer ante las pruebas y las tentaciones.

Sin embargo, debemos ser cuidadosos de una cosa. Claro está que es correcto odiar lo que está en contra de la voluntad de Dios, pero debemos discernir muy bien con la Palabra de Dios para no perturbar al Espíritu Santo con nuestra arrogancia. Esto se debe a que, si nosotros juzgamos y condenamos a una iglesia o a un pastor que es seguido por las obras del Espíritu Santo, estamos construyendo un gran muro de pecado en contra de Dios.

## La promesa de Dios otorgada a aquellos que vencieren

Luego de escuchar la Palabra, no deberíamos quedarnos con ella solo como conocimiento. Para poder vencer, debemos sembrarla en nuestros corazones, dejarla que brote y cosechar el fruto con la ayuda del Espíritu Santo. En este caso, vencer significa recobrar el primer amor y vivir nuevamente en la verdad.

Cuando recibimos el Espíritu Santo y escuchamos la Palabra de Dios, si la grabamos en el corazón y luego la ponemos en práctica, venceremos al mundo que está lleno de pecado. Por consiguiente, 'al que venciere' se refiere a aquellos que recuperan el primer amor. A estas personas el Señor les promete: "Le daré a comer del árbol de la vida, el cual está en medio del paraíso de Dios".

El fruto del árbol de la vida está presente no solo en el Paraíso sino en todo lugar del Reino de los Cielos, incluyendo la Nueva Jerusalén, entonces, ¿por qué el Señor prometió que el dejaría que comieran del árbol de la vida en el Paraíso? En este caso, 'comer del árbol de la vida, el cual está en medio del paraíso de Dios' tiene dos significados.

Primero: significa que irán al Paraíso, la menor morada que hay en el Reino de los Cielos, el que se ha categorizado y distinguido en lugares de morada que se le dará a cada uno de acuerdo a la medida de fe de cada individuo. El Paraíso es el lugar que le fue dado a uno de los ladrones que se arrepintió, el mismo que se encontraba al lado de la cruz de Jesús. Debido a que los creyentes en la iglesia de Éfeso habían perdido su primer amor, el momento que se arrepintieran y cambiaran, estarían en la condición de apenas recibir la salvación.

Pero aunque hubieran perdido su primer amor, si se acordaban de dónde habían caído, se arrepentían y seguían corriendo la carrera de la fe diligentemente, también podrían apoderarse de una mejor morada en el Cielo. Pero si ellos simplemente permanecían en el nivel de recuperar el primer amor, solo podían recibir una salvación vergonzosa (poco honrosa) e ir al Paraíso.

El segundo significado de Paraíso se refiere a todo el reino celestial en general. Este mensaje no fue dado solo a la iglesia de Éfeso sino a todas las iglesias. Si recuperamos nuestro primer amor y vamos al reino celestial, cualquiera de nosotros puede comer del árbol de la vida.

## El Dios de amor quiere que nosotros recuperemos nuestro primer amor

Jesucristo es el mismo ayer, hoy y por los siglos y ama a todos los hijos de Dios con un amor invariable. No obstante, a veces las personas renuncian al amor del Señor por seguir sus propios deseos y beneficios, a raíz de las naturalezas cambiantes de la carne. Su primer amor cambia.

Pero el Dios de amor no aparta Su rostro ni culpa a estas personas si tan solo se arrepienten y cambian para recuperar el primer amor y las primeras obras. Él incluso no recuerda las cosas del pasado, sino que los ama con el mismo corazón. Este es el corazón de Dios.

La iglesia de Éfeso pudo recibir elogios de parte del Señor, pero también tuvieron que recibir la dura exhortación de que les sería quitado de su lugar el candelero. Esto se debió a que perdieron su primer amor.

Sin embargo, la razón real por la que el Señor exhortó a la iglesia de Éfeso no fue para producirles miedo y llevarlos a la destrucción, sino para guiarlos al arrepentimiento y al cambio; en realidad fue para permitirles vencer todas las cosas y morar en el reino de Dios con Él.

La voluntad de Dios es que Sus hijos se abstengan del pecado y lleguen a ser santos, y que crezcan en su medida de fe en la verdad. Pero hasta que lleguemos a estar completamente santificados, siempre habrá constantes tentaciones y pruebas de parte de Satanás. Por lo tanto, debemos recordar que cualquiera puede caer en pruebas y perder su primer amor, a menos que se mantenga alerta.

Si nosotros poseemos corazones altivos y pensamos: "Yo he sido muy fiel y diligente por el Señor", entonces jamás podremos despertarnos de nuestro letargo espiritual.

Incluso si hemos hecho algo bien, deberíamos tener el corazón del siervo inútil y pensar: "Somos simplemente siervos inútiles. Solo hemos hecho lo que teníamos que hacer". De esta manera, cuando el Espíritu Santo nos redarguye y aconseja, podemos arrepentirnos, recuperar el primer amor y hacer las primeras obras.

Ahora es el momento de examinar si es que hemos perdido nuestro primer amor por Dios y el Señor, para que entonces nuestro amor crezca cada vez más y agrademos a Dios.

# Capítulo 2

# La iglesia de Esmirna
- Venciendo las pruebas de la fe

La iglesia de Esmirna atravesó muchos sufrimientos, incluyendo el martirio de Policarpo. Entre las siete iglesias, esta fue una iglesia única; no recibió ni elogios ni reprensiones, sino que solo recibió consejo. No obstante, se le dio la promesa de que si atravesaba por muchos sufrimientos y se mantenía fiel hasta la muerte, entonces recibiría la corona de la vida.

Es un mensaje dado a aquellas iglesias y creyentes que están sufriendo por el nombre del Señor, y además a las iglesias y creyentes que irán a Corea del Norte con el poder de Dios para llevar a cabo sus responsabilidades en una tierra estéril del evangelio.

"Y escribe al ángel de la iglesia en Esmirna: El primero y el postrero, el que estuvo muerto y vivió, dice esto: Yo conozco tus obras, y tu tribulación, y tu pobreza (pero tú eres rico), y la blasfemia de los que se dicen ser judíos, y no lo son, sino sinagoga de Satanás. No temas en nada lo que vas a padecer. He aquí, el diablo echará a algunos de vosotros en la cárcel, para que seáis probados, y tendréis tribulación por diez días. Sé fiel hasta la muerte, y yo te daré la corona de la vida. El que tiene oído, oiga lo que el Espíritu dice a las iglesias. El que venciere, no sufrirá daño de la segunda muerte".

# La carta del Señor a la iglesia de Esmirna

"Y escribe al ángel de la iglesia en Esmirna: El primero 
y el postrero, el que estuvo muerto y vivió, dice esto" 
(Apocalipsis 2:8).

Esmirna es famosa por ser la ciudad de nacimiento del autor 
griego Homero, autor de las poesías épicas más antiguas como 
la *'Ilíada'* y la *'Odisea'*. Muchos judíos se habían establecido 
en Esmirna desde los primeros tiempos. Esta ciudad también 
era un centro comercial como Éfeso y también un centro de 
idolatría con una gran cantidad de altares para sus ídolos y para la 
adoración de sus Emperadores.

En ese entonces, las personas en Esmirna llamaban a los 
Emperadores de Roma 'Señor' y pensaban que sólo existía un

emperador en el mundo. Sin embargo, los creyentes cristianos confesaban que la verdadera autoridad no era la del Emperador romano sino la de Jesucristo. Debido a esto, ellos debían entregar su vida. El gobierno de Esmirna colaboraba con el gobierno de Roma y perseguía a los cristianos severamente.

Uno de los gobernadores le pidió a Policarpo, obispo de la iglesia de Esmirna y uno de los discípulos del apóstol Juan, que negara a Jesucristo y confesara al Emperador romano como 'Dominus (Señor)' solo una vez. Pero él se rehusó de manera rotunda y le respondió: "El Señor Jesús nunca me ha negado durante toda mi vida, ¿cómo puedo yo negar a mi Señor?"

Al igual que muchos que confesaron el nombre del Señor, finalmente fue quemado. La llama que ardió durante un tiempo y que luego desapareció, no pudo quitar su fe.

## El primero y el postrero, el que estuvo muerto y vivió

Cuando el Señor le escribió a la iglesia de Esmirna, se presentó a Sí mismo como 'El primero y el postrero, el que estuvo muerto y vivió'.

En el libro de Apocalipsis podemos encontrar expresiones similares tales como 'El Alfa y la Omega', 'El principio y el fin', 'El primero y el último', pero sus significados espirituales son diferentes (Apocalipsis 22:13).

En primer lugar, 'El Alfa y la Omega' significa que el Señor es el principio y el fin de todas las civilizaciones.

'El Alfa' y 'la Omega' son la primera y la última letra del alfabeto griego que fue utilizado por Juan al escribir el libro de Apocalipsis. La letra 'A', la primer letra del alfabeto del español moderno, se deriva de la primera letra del alfabeto griego 'alfa'. Lo mismo sucede con la última letra 'Z', 'omega'. En la actualidad es ampliamente utilizada en los principales idiomas europeos.

A través del uso de las letras de una lengua literaria, la humanidad podría representar sus ideas y comunicar sus conocimientos y sabiduría para el avance de la civilización.

Dios es el origen del conocimiento y la sabiduría. Por lo tanto, básicamente la civilización y la cultura pudieron desarrollarse debido a que Dios le dio al hombre sabiduría y conocimiento. El avance de la civilización moderna llegará a un final cuando el Señor regrese a este mundo.

Al mencionar la primera y última letra del alfabeto, lo cual representa la civilización, Dios nos permite conocer que el Señor es el principio y el fin de todas las civilizaciones.

Al decir que el Señor es el principio y el fin significa que Él es el principio y el fin del cultivo de la humanidad. Como menciona Juan 1:3: *"Todas las cosas por él fueron hechas, y sin él nada de lo que ha sido hecho, fue hecho"*, Dios creó todas las cosas y comenzó con el cultivo de la humanidad sobre la Tierra por medio de Jesucristo y también Dios las terminará a través de Jesucristo.

Entonces, ¿qué tipo de significado conlleva el hecho de que el Señor se presentó a Sí mismo como 'El primero y el postrero, el que estuvo muerto y vivió'?

'El primero' significa que Él es el primero de la resurrección. Romanos 5:12 dice: *"Por tanto, como el pecado entró en el mundo por un hombre, y por el pecado la muerte, así la muerte pasó a todos los hombres, por cuanto todos pecaron"*. Todos los descendientes de Adán estaban destinados a morir por siempre debido a la ley espiritual que dicta 'que la paga por el pecado es la muerte' (Romanos 6:23).

Jesús es el unigénito Hijo de Dios. Fue crucificado en nombre de todos nosotros y nos redimió de todos nuestros pecados. Por lo tanto, cualquiera que acepta a Jesucristo como su Salvador, puede ser perdonado de sus pecados y ser rescatado del camino de la muerte y recibir salvación. Debido a que Jesús no tuvo pecado, Él resucitó al tercer día y se convirtió en el primer fruto de la resurrección.

'El fin' se refiere a la segunda venida del Señor en el aire. Cuando el Señor venga en el aire, toda la obra de la salvación de la humanidad también habrá terminado. En esta segunda venida del Señor en el aire, aquellos que creyeron en el Señor y murieron y aquellos que tuvieron un encuentro con el Señor y estén con vida, se levantarán como frutos de la resurrección.

Por supuesto que la 'Salvación del espigueo' tendrá lugar durante los Siete Años de la Gran Tribulación, pero en su mayor parte las obras de salvación culminarán en la segunda venida del Señor en el aire. En ese momento, la era del Espíritu Santo también llegará a su final. Por consiguiente, 'el último' se refiere a la segunda venida del Señor en el aire, el momento en el que Él cosechará los frutos de la resurrección.

El Señor Jesús, quien es el primero y el último, también dice '(Yo soy) el que estuvo muerto y vivió'. Esto se refiere a la resurrección luego de la crucifixión. Jesús ciertamente murió y luego se levantó una vez más, y esta es una parte crucial en nuestras vidas cristianas.

Tal como menciona Romanos 10:9 que dice: *"Que si confesares con tu boca que Jesús es el Señor, y creyeres en tu corazón que Dios le levantó de los muertos, serás salvo"*, solo cuando creemos en la resurrección del Señor Jesús podemos recibir salvación.

## Los discípulos y los miembros de la iglesia primitiva testificaron de la resurrección del Señor

En la actualidad hay muchas personas que simplemente asisten a la iglesia sin tener la seguridad de la resurrección del Señor, y debido a que no tienen la convicción acerca de la resurrección, no poseen tampoco la fe para vivir según la Palabra de Dios.

Jesús mostró que Él es el Hijo de Dios al realizar muchas señales y prodigios durante los tres años que estuvo con Sus discípulos. También les predijo que iba a morir en la cruz y que resucitaría al tercer día, rompiendo el poder de la muerte. Sin embargo, cuando Jesús fue arrestado y sentenciado a la crucifixión, todos los discípulos huyeron por miedo.

Incluso Pedro, quien había confesado que prefería morir antes que negar al Señor, lo negó en tres ocasiones, lo que se debió a que hasta ese momento, él aún no había recibido el Espíritu Santo, y no podía creer completamente que Jesús resucitaría.

No obstante, sucedió un gran cambio en sus vidas. Los discípulos que habían huido por el miedo llegaron a testificar de Jesucristo, incluso enfrentándose a la muerte. Algunos de ellos se convirtieron en presa de los leones, otros fueron decapitados e incluso el cuerpo de otros fue cortado en dos. Uno de los discípulos pidió que se lo crucificara boca abajo.

La razón por la que pudieron testificar acerca del Señor hasta el último instante, incluso en medio del gran dolor producido por el martirio, fue porque tuvieron un encuentro con el Señor resucitado y, debido a que ellos fueron testigos de primera mano de la resurrección del Señor, tuvieron la certeza de la resurrección. Fueron llenos con la esperanza del reino celestial y el miedo a la muerte no era nada para ellos, además podían sacrificar su vida por el Señor.

No fueron únicamente Sus discípulos, sino también muchos miembros de la iglesia primitiva, quienes fueron testigos de la resurrección y ascenso del Señor. También tuvieron la certeza de la resurrección y la esperanza. Debido a que sacrificaron sus vidas, el cristianismo se pudo propagar con mucha rapidez, a pesar de la severa persecución del Imperio Romano, que finalmente se convirtió en un estado cristiano.

Bajo esta severa persecución, si no hubieran visto y creído en la resurrección del Señor, ¿cómo habrían sido capaces de mantener su fe hasta el final? Ellos pudieron predicar el evangelio con valentía debido a que fueron testigos de la resurrección del Señor, pero no lo hicieron simplemente con palabras predicadas acerca de Su resurrección.

En Marcos 16:20 leemos: *"Y ellos, saliendo, predicaron en todas partes, ayudándoles el Señor y confirmando la palabra con las señales que la seguían. Amén"*. Debido a que sucedieron señales y prodigios que no eran posibles mediante el poder humano, las personas pudieron creer sus palabras.

## La historia del mundo testifica de la resurrección del Señor

La historia da testimonio de que Jesús sí existió. La historia del mundo es en gran parte separada en a. C. (antes de Cristo) y d.

C. (después de Cristo, en el año de Nuestro Señor).

Con solo mirar el hecho de que el curso de la historia humana está en gran parte separado en el tiempo antes y después del nacimiento de Jesús, es un hecho real que Jesús vino a este mundo. Además, junto con el nacimiento de Jesús, la historia de Israel prueba la crucifixión y resurrección de Jesús.

Israel, en el tiempo del nacimiento de Jesús, se encontraba bajo el dominio de los romanos, y la documentación histórica del nacimiento de Jesús y la resurrección también fue registrada.

El gobernador Pilato quien sentenció a Jesús a la crucifixión, registró detalladamente los asuntos destacados acerca de este incidente y envió su reporte al Emperador Romano. Este reporte permanece en el museo Santa Sofía en la ciudad de Estambul, Turquía. Incluso con algunos hechos podemos creer que la resurrección de Jesús fue una realidad y así tener la certera esperanza de la resurrección.

El mensaje dado a la iglesia de Esmirna es también entregado a las iglesias y creyentes que se encuentran en situaciones similares como la iglesia de Esmirna.

## Casos actuales comprendidos en las palabras dadas a la iglesia de Esmirna

El mensaje a la iglesia de Esmirna es para aquellos que van

hacia los países donde el evangelio es prohibido, en especial para aquellos que se dirijan hacia Corea del Norte y realicen poderosas obras de Dios. Ya son más de cincuenta años desde que estalló la Guerra de Corea, pero hay muchos coreanos del norte o del sur que todavía tienen a sus padres, hermanos y otros familiares en el otro lado de Corea.

El apóstol Pablo tuvo la pasión para salvar a su pueblo, como lo confiesa en Romanos 9:3 que dice: *"Porque deseara yo mismo ser anatema, separado de Cristo, por amor a mis hermanos, los que son mis parientes según la carne"*.
Esto sucedió porque él conocía el corazón ardiente de Dios hacia Su pueblo escogido, y también porque Pablo tenía un ardiente amor y fervor por su pueblo.

De la misma manera, cuando se abra el camino para las misiones en Corea del Norte, los coreanos del sur tendrán un extraordinario fervor por Corea del Norte. Muchos misioneros y obreros ingresarán a Corea del Norte para predicar el evangelio. Cuando realmente vayan allá, quizás se enfrenten con más dificultades económicas u otras situaciones más difíciles de las que habían pensado anteriormente. No solo persecuciones, pero quizás tengan que enfrentar incluso el martirio.
Mientras transcurra el tiempo, la persecución se volverá peor. Los misioneros tendrán que preocuparse acerca de quedarse allí o regresar hacia el sur. Pero en cualquier tipo de situación, si ellos poseen la riqueza en su corazón, las circunstancias no les

importarán.

En este caso, 'tener riqueza en su corazón' significa que están llenos con la esperanza del Reino de los Cielos. Ellos están llenos de fe y del Espíritu y anhelan las recompensas que se les entregará en el Reino de los Cielos. Como menciona 2 Corintios 6:10: *"Como entristecidos, mas siempre gozosos; como pobres, mas enriqueciendo a muchos; como no teniendo nada, mas poseyéndolo todo"*.

Cuando poseen la riqueza en su corazón dada por Dios, pueden cumplir completamente con la voluntad de Dios y Su providencia.

## Los sufrimientos en una tierra estéril del evangelio

Aun entre los misioneros en Corea del Norte, habrá personas que perturben las obras de Dios. En vez de trabajar juntos para predicar el evangelio, ellos desestabilizarán las obras.

Los sumos sacerdotes, los sacerdotes y escribas en los tiempos de Jesús estaban celosos de Jesús porque él manifestaba asombrosas señales y prodigios, y predicaba el evangelio del reino celestial. Ellos lo juzgaron dentro de sus criterios y su conocimiento de la Ley y finalmente lo mataron.

De igual manera, habrá personas como estas en Corea del Norte. Cuando algunos de los misioneros realicen muchas señales y prodigios mientras predican la Palabra de vida, habrá otros misioneros que los perturbarán y les causarán grandes dificultades. No obstante, si ellos vencieren los problemas con bondad, fe y amor, mientras más grande sea el disturbio, más grandes serán las obras poderosas de Dios.

Dios nos ha dicho que habrá obras perturbadoras de parte de otros misioneros, y también habrá persecuciones a nivel nacional que presentarán problemas aún mayores. Cuando llegue el momento, Corea del Norte tendrá que abrir sus puertas. En ese momento, muchas personas ingresarán a Corea del Norte con la visión de evangelizar.

Pero pronto Corea del Norte cerrará nuevamente sus puertas para mantener su propio sistema de gobierno. Ellos creerán que una de las cosas más importantes que amenazarán su sistema es el poder de Dios.

Algunos de los misioneros no simplemente predicarán el evangelio, sino que también harán milagros y obras poderosas de Dios las cuales no pueden realizarse mediante el poder del hombre. Por lo tanto, el gobierno mantendrá sus ojos puestos en ellos. Pero más tarde, las poderosas obras se llevarán a cabo en gran medida, por lo que sentirán que es necesario perseguir a los siervos de Dios para detenerlos.

Finalmente, cerrarán la iglesia donde las obras de Dios serán manifestadas. Pondrán en la cárcel a los misioneros y obreros de la iglesia y crearán razones para ejecutarlos. Si llegan a ejecutar a los misioneros y obreros de Dios solo por razones religiosas, llamarán mucho la atención negativa por parte del mundo y se enfrentarán a una gran oposición. Por lo tanto, hasta que los oficiales de Corea del Norte puedan fabricar 'buenas razones', los siervos de Dios tendrán que sufrir en la cárcel.

Apocalipsis 2:10 dice: *"No temas en nada lo que vas a padecer. He aquí, el diablo echará a algunos de vosotros en la cárcel, para que seáis probados, y tendréis tribulación por diez días. Sé fiel hasta la muerte, y yo te daré la corona de la vida"*.

Esto significa que literalmente sufrirán durante diez días en la cárcel. Esto quiere decir que el período de tiempo para que el gobierno de Corea del Norte establezca razones para ejecutarlos se expresará en 'diez días'.

## Recompensas y honor de los mártires

Los norcoreanos verán estos mártires y muchos de ellos predicarán el evangelio con el espíritu de un mártir.

Es muy importante que se envíen personas a Corea del Norte para predicar el evangelio. No obstante, será mucho más poderoso si los mismos norcoreanos crecen en fe y predican el evangelio con el espíritu de un mártir. El martirio de muchas de estas personas, encenderá la chispa entre la población local para predicar el evangelio.

No todos los misioneros para Corea del Norte se convertirán en mártires; solo algunos enfrentarán el martirio. Convertirse en uno será su decisión, pero podrán evitarlo, si así lo desean. No es fácil convertirse en mártir por el nombre del Señor. Pero si alguien vence sobre las persecuciones y las pruebas con gozo y gratitud, así como lo hizo el apóstol Pablo, entonces su gloria, su recompensa y sus elogios serán mayores en el Reino de los Cielos. En sí, la recompensa para los mártires será grandiosa; recibirán las recompensas por todas las almas que serán salvas por medio de su martirio.

Por consiguiente, cuando alguien recuerda cuán glorioso es ser fieles hasta la muerte en una tierra estéril del evangelio, solo buscará la gloria y las recompensas del Reino de los Cielos y vencerá sobre todo tipo de pruebas y persecuciones.

# El consejo del Señor a la iglesia de Esmirna

"Yo conozco tus obras, y tu tribulación, y tu pobreza (pero tú eres rico), y la blasfemia de los que se dicen ser judíos, y no lo son, sino sinagoga de Satanás. No temas en nada lo que vas a padecer. He aquí, el diablo echará a algunos de vosotros en la cárcel, para que seáis probados, y tendréis tribulación por diez días. Sé fiel hasta la muerte, y yo te daré la corona de la vida" (Apocalipsis 2:9-10).

Entre las siete iglesias, solo la iglesia de Esmirna recibió consejo, sin ningún elogio o represión. Pero el mensaje dado a la iglesia de Esmirna tiene contenido muy importante. Nos habla acerca de por qué enfrentamos persecuciones y pruebas, qué son las sinagoga de Satanás y qué tipo de persona recibirán la corona de la vida.

## La iglesia de Esmirna sufría pruebas y pobreza

El Señor conocía las pruebas y la pobreza por la que la iglesia de Esmirna estaba atravesando, y les dijo: "Pero tú eres rico". Quizás alguien ha vivido en pobreza antes de haber aceptado al Señor. Pero después de aceptarlo, mientras continúa con su vida cristiana, Dios lo protege y puede disfrutar de una vida en riqueza.

Entonces, ¿por qué razón la iglesia de Esmirna sufrió aflicciones y pobreza, a pesar de que creían en el Señor? Puede ser que las pruebas que atraviesan los creyentes parezcan similares a las pruebas que atraviesan los no creyentes, pero en realidad son muy diferentes. Por medio del sufrimiento que atravesamos en el Señor, cuando vencemos con fe, nuestra alma llega a ser próspera. De esta manera recibiremos las bendiciones de Dios y serán almacenadas como recompensas celestiales.

Como en el caso de la iglesia de Esmirna, existen dos tipos principales de pruebas para los creyentes. Un tipo es causado porque creemos en el Señor, y el otro es causado porque no vivimos de acuerdo a la Palabra de Dios.

Sin embargo, algunas personas piensan que sufren por el nombre del Señor, aunque en realidad están sufriendo porque ellos mismos no están viviendo de acuerdo a la Palabra de Dios. Además, algunas personas provocan persecuciones en sus propias vidas debido a que no actúan de manera sabia, sino que creen que están sufriendo persecución por causa del Señor. Por lo tanto no intentan solucionar el problema.

## Pruebas por poseer fe en Jesucristo

Las pruebas recibidas en el nombre del Señor son sufrimientos para alcanzar la rectitud. Dios ciertamente retribuirá el sufrimiento con bendiciones. Por ejemplo: quizás existan persecuciones de familiares que no son creyentes u otras personas alrededor nuestro. Además, puede ser que enfrentemos persecuciones en nuestros lugares de estudio o trabajo por parte de compañeros no creyentes.

Por ejemplo: los fines de semana solíamos ir a un día de campo o simplemente salir con nuestros familiares. Pero a medida que comenzamos a asistir a la iglesia, regularmente comenzamos a hacerlo los días domingos. Como resultado de ello, los miembros de nuestra familia quizás se sientan de alguna manera ofendidos y comiencen a causarnos persecuciones. En este tipo de situaciones, si nosotros mostramos nuestro amor por aquellas personas y les servimos, eventualmente Dios tocará sus corazones para aceptar el evangelio y, de esta manera, naturalmente desaparecerán las persecuciones.

Por otra parte, si aún seguimos experimentando tales persecuciones luego de vivir como cristianos durante muchos años, entonces debemos examinar si es que nosotros mismos estamos causando las persecuciones por falta de sabiduría.

Puede ser que estemos llenos del Espíritu, pero a veces perdemos el control y hablamos de manera imprudente o hacemos algo que no es muy sabio, lo que provoca una reacción adversa de los miembros de nuestra familia. Si nosotros somos tan solo un poco más sabios, podemos evitar sufrir persecuciones por parte de los miembros de nuestra familia.

Incluso cuando este tipo de persecuciones han desaparecido, puede ser que exista otro tipo de persecuciones que los hombres de Dios pueden recibir. Moisés, Elías, Jeremías, Isaías y otros profetas; el apóstol Pablo, Pedro y Juan amaron mucho a Dios y fueron amados en gran manera por parte de Él. Sin embargo, cada uno de ellos sufrió persecuciones por causa del Señor, el reino de Dios y por otras almas, y de manera voluntaria soportaron cada una de ellas.

Mateo 5:11-12 dice: *"Bienaventurados sois cuando por mi causa os vituperen y os persigan, y digan toda clase de mal contra vosotros, mintiendo. Gozaos y alegraos, porque vuestro galardón es grande en los cielos; porque así persiguieron a los profetas que fueron antes de vosotros"*. Como mencionan estos versos, debido a que pusieron sus ojos en los galardones celestiales, no sintieron ningún tipo de dificultad ni tampoco timidez, pena o vergüenza; sino que al contrario, sintieron gozo.

## Pruebas causadas por las acusaciones de Satanás por no vivir de acuerdo a la Palabra

Podemos también sufrir pruebas debido a que no estamos viviendo dentro de la verdad y la Palabra de Dios. Por causa de ello Satanás nos acusa.

Cuando aceptamos a Jesucristo como nuestro Salvador y llegamos a ser hijos de Dios, nos convertimos en ciudadanos del Reino de los Cielos (Filipenses 3:20). A partir de ese momento, debemos obedecer la ley del Reino de los Cielos como uno de sus ciudadanos. Solo de esta manera seremos protegidos y recibiremos abundantes bendiciones.

Por el contrario, si nosotros quebrantamos la ley de Dios, entonces el enemigo diablo nos acusará. Desde el punto de vista del diablo, solíamos ser sus hijos, pero desde que aceptamos al Señor y nos convertimos en hijos de Dios, hace todo lo posible para llevarnos de vuelta a su lado. Es por ello que cada vez que tiene algo por lo cual acusarnos, intenta hacerlo para traer sobre nuestras vidas persecuciones y pruebas.

Entre aquellos que están sufriendo por esta razón, algunas personas mal interpretan que Dios les está haciendo pasar un mal momento.

Es por eso que Santiago 1:13 nos dice: *"Que nadie diga cuando es tentado: Soy tentado por Dios; porque Dios no puede ser tentado por el mal y El mismo no tienta a nadie"*. Como menciona este verso, Dios no nos da pruebas o dificultades.

La razón por la cual las personas siguen sufriendo persecuciones y pruebas es porque son tentadas por sus propios deseos (Santiago 1:14), quebrantan la ley de Dios y cometen pecados. Además, si nosotros en este mundo quebrantamos sus leyes, recibiremos un castigo. De igual manera, cuando quebrantamos la ley de Dios, recibimos una retribución de acuerdo a ello.

Debido a que Dios es justo, Él no puede protegernos de las acusaciones de Satanás el momento que cometemos pecados aunque somos Sus hijos. Después de todo, es el enemigo diablo el que trae persecuciones y pruebas sobre nosotros, pero es también el amor de Dios el que permite que tales acusaciones ocurran.

Santiago 1:15 dice: *"Entonces la concupiscencia, después que ha concebido, da a luz el pecado; y el pecado, siendo consumado, da a luz la muerte"*. En Romanos 6:23 leemos: *"Porque la paga del pecado es muerte, mas la dádiva de Dios es vida eterna en Cristo Jesús Señor nuestro"*. Por lo tanto, si Dios permite que Sus hijos hagan lo que quieran mientras van por el camino de la muerte, ¿qué les sucederá a ellos?

Dios desea que Sus hijos que están yendo por el camino de la muerte salgan de allí, incluso a través del castigo, si esa es la mejor manera. Dios permite que las persecuciones y pruebas recaigan sobre Sus hijos por medio de las acusaciones de Satanás.

Acerca de este amor de Dios, Hebreos 12:5-6 nos dice: *"Y habéis ya olvidado la exhortación que como a hijos se os dirige, diciendo: Hijo mío, no menosprecies la disciplina del Señor, ni desmayes cuando eres reprendido por él; porque el Señor al que ama, disciplina, y azota a todo el que recibe por hijo"*.

Por consiguiente, si estamos atravesando cualquier tipo de sufrimiento, debemos examinar primeramente cuál es la causa de ello. Si es que ha sido causado por nuestro propio error, debemos rápidamente arrepentirnos y cambiar para volvernos nuevamente hacia la bendición del Señor.

## Causa de la pobreza

La iglesia de Esmirna no solo sufría de pruebas, sino también de pobreza. Mientras llegamos a creer en Dios y acercarnos al Señor, podemos recibir bendiciones de salud y riquezas así como prospera nuestra alma. Pero a veces los creyentes pueden sufrir de pobreza, como es el caso de la iglesia de Esmirna.

Aunque nosotros quizás trabajemos más arduamente que cuando no creíamos en el Señor, puede ser que enfrentemos persecuciones en nuestro lugar de trabajo o que seamos tratados de manera injusta. Debido a que no podemos guardar el Día del Señor como día santo trabajando para nuestra empresa en la actualidad, quizás tengamos que renunciar o ir a trabajar a otro lado.

Debido a algo como esto, puede ser que enfrentemos dificultades financieras. Pero ya que esto es causado por la fe en el Señor, no será por mucho tiempo. Aunque las demás personas sigan causando persecución, si nosotros lo tratamos con bondad en todo tiempo, esta persona también se someterá. Finalmente el Señor nos devolverá bendiciones desbordantes.

Aparte de esto, hay pobreza que se sufre por la propia voluntad de las personas. Supongamos que estamos en condiciones de disfrutar de muchas cosas. Pero ya que amamos a Dios, no gastamos el dinero en nosotros mismos sino solo para el reino de Dios. De manera voluntaria ponemos nuestras vidas en una situación de pobreza impuesta por nosotros mismos, con gratitud.

¿Cómo puede Dios simplemente permitir que ese tipo de personas permanezcan en dicha situación? Dios nos recompensará con una gran cantidad de recompensas en el Cielo. Incluso, sobre la Tierra, hará que nuestra alma prospere y nos dará salud. Por lo tanto, en realidad somos ricos.

## "Pero tú eres rico"

En 2 Corintios 8:9 leemos: *"Porque ya conocéis la gracia de nuestro Señor Jesucristo, que por amor a vosotros se hizo pobre, siendo rico, para que vosotros con su pobreza fueseis enriquecidos"*. Jesús es el Hijo de Dios y todas las riquezas le pertenecen a Él. No obstante, Él nació en un establo y fue acostado sobre un pesebre.

Mientras vivió en este mundo, a veces tuvo hambre y, en otras ocasiones, no tuvo dónde reposar su cabeza y durmió en el desierto. Lo hizo para redimirnos de nuestra pobreza. Por consiguiente, nosotros que creemos en el Señor no tenemos que ser pobres, sino que debemos darle a Dios la gloria por la riqueza que poseemos.

Esto no significa que todos los hijos de Dios serán ricos incondicionalmente. Como está escrito en Deuteronomio 28, debemos escuchar Su palabra y guardar Sus mandamientos para poder ser ricos.

*"Acontecerá que si oyeres atentamente la voz de Jehová tu Dios, para guardar y poner por obra todos sus mandamientos que yo te prescribo hoy, también Jehová tu Dios te exaltará sobre todas las naciones de la tierra. Y vendrán sobre ti todas estas bendiciones, y te alcanzarán, si oyeres la voz de Jehová tu Dios. Bendito serás tú en la ciudad, y bendito tú en el campo. Bendito*

*el fruto de tu vientre, el fruto de tu tierra, el fruto de tus bestias, la cría de tus vacas y los rebaños de tus ovejas. Benditas serán tu canasta y tu artesa de amasar. Bendito serás en tu entrar, y bendito en tu salir"* (Deuteronomio 28:1-6).

Si nosotros verdaderamente vivimos por la Palabra de Dios y actuamos en la luz, no enfrentaremos pruebas ni persecuciones. Y aunque las enfrentemos, se apartarán de nuestras vidas rápidamente.

Sobre todas las cosas, el eterno reino celestial está listo para los hijos de Dios que son salvos. Además, mientras nuestra alma prospera, todo nos saldrá bien, incluso en este mundo. Por lo tanto, somos más ricos que otras personas.

## Los que se dicen ser judíos, y no lo son

Históricamente muchos judíos se asentaron en Esmirna. Ellos colaboraron con el gobierno romano y mataron a muchos cristianos.

Originalmente, los judíos son los elegidos por Dios. Pero en el tiempo de Jesús, fueron ellos los que no reconocieron a Jesús como el Hijo de Dios y fueron quienes lo persiguieron.

El sumo sacerdote, los sacerdotes y los escribas, quienes eran los líderes entre los judíos, estuvieron celosos de Jesús debido a que él realizaba obras del poder de Dios y predicaba el evangelio del Reino de los Cielos. Ellos juzgaron y condenaron a Jesús con los criterios de su conocimiento de la Ley, y finalmente lo crucificaron.

Incluso en la actualidad, entre los creyentes en el Señor existen personas que perturban las obras de Dios. A pesar de que asisten a la iglesia, cuando el pensamiento de alguien no está en acuerdo con la opinión de ellos, lo juzgan y lo condenan, se vuelven celosos y odian a los demás.

Como se menciona, "los que se dicen ser judíos, y no lo son, sino sinagoga de Satanás", el Señor dice que estas personas no son judías. Es decir, no pueden ser llamados hijos de Dios.

Aquí encontramos que por fuera quizás aparenten poseer fe y tener bondad. Pero si Dios no reconoce la fe de ellos y su forma de bondad, todo es inútil. Incluso si persisten en decir que son hijos de Dios, si sus palabras y acciones no son las de un hijo de Dios, son solo aquellos que dicen ser judíos pero en realidad no lo son. Todas estas cosas serán reveladas en el día del Juicio Final.

De hecho, no debemos esperar hasta que llegue el Juicio Final. Podemos discernir esto al ver los frutos de su vida. Si en realidad son hombres de Dios, deben producir los frutos del Espíritu Santo. Deben amar la verdad, amar a los demás, tener paz con las personas y producir el fruto de las buenas palabras y obras.

Si el fruto de ellos es la envidia, los celos, el juicio, la condenación, el odio y los pleitos, esto es en realidad la obra de Satanás. Cuando hay dos o más personas que reciben este tipo de obras de Satanás, a esto se le llama una 'sinagoga de Satanás'.

## Las sinagogas de Satanás entorpecen el reino de Dios

En la actualidad, debido a las sinagogas de Satanás, muchas iglesias están sufriendo dificultades.

Efesios 1:23 dice que la iglesia es el cuerpo de Cristo. La iglesia, la cual compró con Su sangre, es el cuerpo del Señor. 1 Corintios 12:27 dice: *"Vosotros, pues, sois el cuerpo de Cristo, y miembros cada uno en particular"*. Tal como menciona este verso, todos los líderes y miembros de la iglesia son parte del cuerpo del Señor.

Si cada una de las partes del cuerpo se vuelven celosas y batallan entre sí; ¿qué sucederá? De la misma manera, las iglesias deberían estar unidas como una con amor. Si existen batallas entre la partes del cuerpo, el Espíritu Santo no podrá obrar. El amor se enfriará en la iglesia, el fuego de las oraciones se apagará y finalmente el avivamiento se detendrá. Una de las razones mayores de esto es la sinagoga de Satanás.

Y lo más importante es que las sinagogas de Satanás están mucho más cerca de lo que nosotros creemos. Un ejemplo de ello sería cuando oímos mentiras y palabras calumniosas que se dicen y, sin pensar mucho en el asunto, simplemente estamos de acuerdo con la persona.

No estamos de acuerdo con una mente maligna pero acabamos de dar cierto grado de consentimiento. Esto es contribuir a un falso rumor y permitir que se difunda.

Hasta que nosotros nos despojemos completamente de toda forma de maldad en nosotros, no nos damos cuenta de que tenemos mentes perversas. Por lo tanto, de acuerdo a con qué tipo de personas nos reunimos y a qué tipo de situaciones seamos expuestos, la maldad dentro de nosotros puede salir a la luz en cualquier momento.

Algunas personas habitualmente expresan de manera verbal sus quejas y resentimientos. Incluso al momento que tienen que unir sus corazones, sacan palabras de oposición todo el tiempo solo porque no les agradan mucho las opiniones de los demás. Sin embargo, no se dan cuenta de lo que están haciendo.

Estas personas sosegadamente buscan aquellas personas que están de acuerdo con sus ideas. Si de manera poco racional hablamos con estas personas y estamos de acuerdo con ellas, puede ser que sin darnos cuenta seamos parte de la sinagoga de Satanás. No deberíamos estar de acuerdo con ninguna palabra de falsedad, sino que tenemos que dejar que sean despertados con la verdad.

Las tinieblas desaparecen cuando llega la luz. Si nosotros solo vemos las cosas buenas, escuchamos cosas buenas, hablamos cosas buenas y pensamos en cosas buenas, la sinagoga de Satanás no puede permanecer dentro de la iglesia; tendrá que desaparecer por sí sola.

## La iglesia de Esmirna tenía que padecer

El Señor le dijo a la iglesia de Esmirna que tendrían que padecer pero que no debían preocuparse. Él dijo: "...he aquí, el diablo echará a algunos de vosotros en la cárcel, para que seáis probados, y tendréis tribulación por diez días..." (v. 10).

Hasta que nosotros seamos santificados, puede ser que haya muchos tipos de pruebas y persecuciones o sufrimientos, pero no debemos tener miedo. Todas estas cosas traerán riquezas materiales y espirituales a nuestras vidas. Esta es la manera en que somos guiados a la vida eterna.

No debemos tener miedo por las persecuciones y pruebas que recibamos por el nombre del Señor. Más bien debemos regocijarnos. Aunque las persecuciones y pruebas sean causadas porque todavía no estamos viviendo en la verdad, aún debemos regocijarnos y dar gracias.

Santiago 1:2-4 dice: *"Hermanos míos, tened por sumo gozo cuando os halléis en diversas pruebas, sabiendo que la prueba de vuestra fe produce paciencia. Mas tenga la paciencia su obra completa, para que seáis perfectos y cabales, sin que os falte cosa alguna"*. Como acabamos de leer, por medio de las pruebas seremos perfeccionados y no tendremos necesidad de nada.

El Señor menciona que algunos de los creyentes de la iglesia de Esmirna sufrirán en la prisión por la obra del diablo.

Muchos creyentes no saben distinguir con precisión entre Satanás y el diablo. Sin embargo, la Biblia hace una clara distinción entre ellos.

## El rol de Satanás y el diablo

En pocas palabras, Satanás es el corazón de Lucifer, el corazón de todos los espíritus malignos. El diablo es un espíritu bajo Satanás, y cada uno de ellos tiene roles diferentes.

Satanás obra a través de los pensamientos del hombre para provocar que tengan pensamientos malignos. Es él quien se encarga de agitar el corazón de la falsedad. Mientras una persona está recibiendo las obras de Satanás por medio de sus pensamientos, es el diablo quien motiva a las personas a poner esos malos pensamientos en acciones.

Es decir, cuando las obras de Satanás en pensamiento se las lleva a la acción, nos referimos a ellas como la "obra del diablo".

Por ejemplo: supongamos que alguien nos está difamando y criticando. Entonces Satanás trae sobre nuestras vidas pensamientos malos y odio. Esto trae sobre nosotros pensamientos como: "No lo puedo soportar. ¡Lo criticaré de mayor manera o incluso lo golpearé!"

Si estos solo son pensamientos malignos, es la obra de Satanás, pero si estos pensamientos se llevan a cabo al maldecir o golpear a la persona, es la obra del diablo.

Lucas 22:3 dice: *"Y entró Satanás en Judas, por sobrenombre Iscariote, el cual era uno del número de los doce"*. Es decir que Satanás capturó sus pensamientos. Significa que el pensamiento de: "Voy a vender a Jesús por dinero" entró a Judas Iscariote.

Juan 13:2 dice: *"Y cuando cenaban, como el diablo ya había puesto en el corazón de Judas Iscariote, hijo de Simón, que le entregase (a Jesús)"*.

Esto no quiere decir que el diablo haya obrado por medio de los pensamientos, sino que el diablo ya había capturado el corazón de Judas por completo, y debido a que el diablo capturó su corazón, Judas finalmente realizó el acto de maldad de vender a Jesús.

Por supuesto, Satanás no simplemente puede colocar pensamientos malignos en las personas como él quiera. En el caso de Judas, él entregó sus pensamientos a Satanás fundamentalmente porque su corazón era maligno y al final realizó la obra de vender a su Señor.

1 Juan 3:8 dice: *"El que practica el pecado es del diablo..."*. En este caso, practicar el pecado significa mostrarlo en acciones. Debido a que Jesús conocía esto, Él dijo: *"¿No os he escogido yo a vosotros los doce, y uno de vosotros es diablo?"* (Juan 6:70) Jesús dijo que Judas Iscariote, quien engañaría y vendería a

Jesús, era un diablo.

Asimismo, la obra del diablo es hacer que nosotros cometamos pecados, y aquellos que practican el pecado se convertirán en hijos del diablo.

Por consiguiente: "El diablo echará a algunos de vosotros en la cárcel, para que seáis probados", significa que el diablo capturará el corazón de algunas personas malvadas para mostrar acciones malignas. La 'cárcel' es un lugar al que una persona va para pagar su crimen. Por consiguiente, estar en una cárcel significa que existe la ley y además un fiscal de la ley.

## La retribución es diferente de acuerdo a la magnitud del pecado y la medida de la fe

Incluso en este mundo existe la ley, y somos juzgados de acuerdo a la seriedad del pecado. Lo mismo sucede en el reino espiritual, cuando vivimos en la verdad somos protegidos por Dios, pero cuando quebrantamos la verdad, el enemigo diablo y Satanás trae sobre nosotros persecuciones y pruebas. Esto significa que pagaremos por nuestros pecados.

Especialmente, habrá retribución si cometemos las obras de la carne, que son los pecados cometidos con nuestras acciones. Esto es lo que significa "El diablo echará a algunos de vosotros en la cárcel, para que seáis probados".

Las persecuciones y pruebas son diferentes de acuerdo a la

gravedad del pecado, pero también es diferente de acuerdo a la medida de la fe de cada uno. Incluso por el mismo pecado, el castigo será distinto para personas diferentes con distintas medidas de fe.

Lucas 12:47-48 dice: *"Aquel siervo que conociendo la voluntad de su señor, no se preparó, ni hizo conforme a su voluntad, recibirá muchos azotes. Mas el que sin conocerla hizo cosas dignas de azotes, será azotado poco; porque a todo aquel a quien se haya dado mucho, mucho se le demandará; y al que mucho se le haya confiado, más se le pedirá"*.

'A todo aquel a quien se haya dado mucho' significa aquellos que poseen una fe mayor. Por otra parte, aquellos que no conocen bien la voluntad del amo, son personas de poca fe. Dios demandará más de aquellos que conocen la voluntad del amo pero no actúan, es decir, aquellos que poseen una mayor medida de fe pero no siguen la voluntad de Dios.

Santiago 3:1 dice: *"Hermanos míos, no os hagáis maestros muchos de vosotros, sabiendo que recibiremos mayor condenación"*. Si poseemos mayor fe que los demás y nos convertimos en maestros, obviamente debemos vivir por la Palabra de Dios.

De lo contrario, puede ser que enfrentemos persecuciones y pruebas, y la magnitud de las pruebas será diferente de acuerdo a la medida de nuestra fe. En algunos casos las pruebas se acabarán tan pronto como nos arrepintamos y cambiemos. En otros casos, incluso luego de arrepentirnos, habrá una retribución.

En el caso del rey David, quien fue un hombre conforme al corazón de Dios, él tomó la esposa de uno de sus subordinados más leales y luego lo colocó en la primera línea de la batalla para matarlo. Debido a esto, incluso luego de arrepentirse, él tuvo que enfrentar grandes dificultades. Es decir, tuvo que huir de su propio hijo Absalón. Por esto él sufrió mucha tristeza. Debido a que su fe era grande, también su castigo fue grande.

Los 'diez días' significan todos estos tipos de persecuciones y pruebas. El número diez es el número completo del sistema decimal; significa 'todo tipo'. Por consiguiente, la 'prueba por diez días' simboliza todos los tipos de pruebas por las cuales podemos atravesar sobre la Tierra.

## Cómo salir de las pruebas

La Biblia contiene todas las maneras para poder recibir bendiciones o sufrir persecuciones y pruebas.

Algunos creyentes dicen poseer fe. Sin embargo, siguen cometiendo pecados y no guardan el Día del Señor por completo, o no dan todos los diezmos, lo cual es básico para llevar la vida cristiana. Por lo tanto, llegan a sufrir de varias persecuciones y pruebas. Por supuesto, no es que vamos a ser protegidos de todo esto solo por guardar el Día del Señor y dar los diezmos.

En el caso de los nuevos creyentes que acaban de llegar a la fe cristiana, cuando guardan el Día del Señor como día santo y dan el diezmo, Dios lo considera como 'fe' y los protege. Pero en el caso de aquellas personas que están supuestas a poseer una considerable medida de fe, es diferente. Mientras la fe de ellos crece, deben mostrar obras perfectas.

A medida que su fe crece, ocurrirán pruebas y refinamientos para guiarlos hacía una fe mayor. Por lo tanto, deben permanecer en la verdad de una manera más completa.

No debemos decir ninguna palabra de falsedad que puede permitir que Satanás nos acuse. Debemos intentar tener paz y santidad con todas las personas. Esto se debe a que, como nuestra fe crece, Satanás intentará acusarnos aún de las cosas más insignificantes para perturbarnos.

Por sobre todas las cosas, lo más importante es que tenemos que arrepentirnos de nuestros pecados y derribar el muro de pecado entre Dios y nosotros. Luego debemos apartarnos y trabajar fielmente por el reino de Dios. Él quiere no solo una fidelidad carnal, sino la fidelidad espiritual.

Cuando Jesús dijo a la Iglesia de Esmirna que sea fiel hasta la muerte, no se trató solo de la fidelidad de renunciar a la vida física, pero también es la fidelidad espiritual. ¿Qué significa entonces ser fiel hasta la muerte?

## Ser fiel hasta la muerte implica la fe para morir como mártir

Por ejemplo, si un ministro es fiel al rey de su país, significa que puede dar su vida por el rey y por su país. Del mismo modo, ser fiel en el reino de Dios es estar dispuesto a dar incluso nuestras vidas. Es también esforzarse con la fe para morir como un mártir.

Pero no debemos pensar que esto se trata únicamente del martirio físico, de la entrega de nuestra vida física. Lo más importante es nuestro martirio espiritual.

El martirio espiritual implica el sufrimiento contra todo pecado y forma de maldad, abstenerse de estas cosas y no comprometerse con el mundo para poder amar y complacer a Dios.

Asimismo, si luchamos contra todo pecado y nos abstenemos de él, no tendremos 'ego' ni egoísmo en nosotros. Únicamente la Palabra de Dios, la verdad, vivirá en nosotros y podremos guardar las palabras de los 66 libros de la Biblia.

Tal como lo confesó el apóstol Pablo en 1 Corintios 15:31, diciendo: *"...cada día muero"*, si nuestro 'ego' muere por completo y nos abstenemos de toda forma de maldad, entonces podremos cumplir todas nuestras responsabilidades con fidelidad y lograremos orar con lágrimas y amor por las almas que están muriendo.

La fidelidad espiritual es para que nosotros santifiquemos

nuestro corazón y cumplamos nuestras responsabilidades entregando nuestra vida desde el fondo de un corazón santo.

Actualmente parece que no estamos en una situación en la que mostramos nuestra fe para morir como mártires y quizás pensemos que no tenemos una oportunidad para examinar si tenemos o no tenemos esta fe. Esto se debe a que no estamos predicando el evangelio en un estado comunista o con fuerte dominio del islam.

Pero no es así. Dios nos permite examinar si tenemos la fe para morir como mártires al dejarnos atravesar el tipo de situaciones que son similares a la realidad de convertirnos en mártires. Claro está que, si nuestra fe no es capaz de superar este tipo de prueba, no la enfrentaremos en primer lugar.

En Santiago 1:12 leemos: *"Bienaventurado el varón que soporta la tentación; porque cuando haya resistido la prueba, recibirá la corona de vida, que Dios ha prometido a los que le aman"*.

Es decir, la corona de vida no se entregará a cualquiera, sino solo a aquellos que han resistido las pruebas y son reconocidos por Dios.

No significa que debemos ser reconocidos por Dios tras resistir una prueba solamente. Solo los que están completamente santificados se levantan sobre la roca de la fe y tienen un corazón que jamás cambia. Estas son las personas que nunca tiemblan con una mente inconstante ante cualquier tipo de situación.

## La corona de vida que se recibe si se es fiel hasta la muerte

La corona de vida se recibe si se soporta todo tipo de persecuciones y pruebas y si se es fiel hasta la muerte. En realidad se le otorga a aquellos que van al tercer Reino de los Cielos entre las diferentes moradas del reino celestial.

Para entender esto tendremos que examinar brevemente las diferentes moradas que se otorgan a la gente con diversas medidas de fe.

Supongamos que hay una persona que apenas tiene la fe suficiente para alcanzar la salvación y otra persona que ha sido fiel hasta la muerte. ¿Qué pasaría si se trata de igual forma a ambas personas en el reino celestial? No sería justo. Por consiguiente, Dios otorga diferentes moradas celestiales y recompensas de acuerdo a cuánto hemos vivido según la Palabra de Dios en este mundo.

Primero están los que apenas reciben salvación con dificultad que entrarán en el Paraíso y no recibirán ninguna corona. Apenas han tenido la fe para recibir salvación, pero no han acumulado recompensas celestiales en este mundo.

Luego están aquellos que entran al Primer Reino de los Cielos y que recibirán la 'Corona Incorruptible' mencionada en 1 Corintios 9:25. Estos han tenido la fe para tratar de vivir según la Palabra de Dios y se controlaron para no tomar parte de las cosas perecederas y carnales de este mundo. Es por esto que recibirán la 'corona incorruptible'.

Los que vayan al Segundo Reino de los Cielos recibirán la 'Corona de Gloria' (1 Pedro 5:4). Debido a que han vivido una vida que ha glorificado a Dios, recibirán la corona de gloria.

A continuación, el Tercer Reino de los Cielos es un lugar para aquellos que se han abstenido por completo de la maldad y han tenido la fe para amar a Dios en grado sumo. Estas personas recibirán la 'Corona de Vida', la cual se prometió también, bajo ciertas condiciones, a la iglesia de Esmirna.

Por último, encontramos a aquellos que no solo se han santificado por completo sino que también han sido fieles en toda la casa de Dios y que recibirán la 'Corona de oro' (Apocalipsis 4:4) y la 'Corona de Justicia' (2 Timoteo 4:8).

Además de estas, hay muchos tipos de coronas en el Cielo que serán otorgadas a cada persona de acuerdo a lo que ha hecho.

En Romanos 8:35 dice: *"¿Quién nos separará del amor de Cristo? ¿Tribulación, o angustia, o persecución, o hambre, o desnudez, o peligro, o espada?"* Si tenemos un amor apasionado y ardiente por el Señor al igual que el Apóstol Pablo, entonces podremos ser fieles al punto de morir por la iglesia, el cuerpo del Señor.

Es más, iremos a niveles más profundos de espíritu para recibir el amor de Dios y darle a Él la gloria en gran manera.

# La promesa del Señor a la iglesia de Esmirna

"El que tiene oído, oiga lo que el Espíritu dice a las iglesias. El que venciere, no sufrirá daño de la segunda muerte" (Apocalipsis 2:11).

Los creyentes en la Iglesia de Esmirna habían sufrido y sufrirían por el nombre del Señor, pero Él no los consoló diciendo: "Conozco tus sufrimientos. Soporta solo un poco más...".

Más bien les aconsejó que fueran incluso más fieles, incluso al punto de morir. Esto fue para poder darles mayores bendiciones y más recompensas. Todos los sufrimientos y pruebas que enfrentó la iglesia de Esmirna ciertamente serían bendiciones y recompensas para ellos.

No obstante, con solo soportar las persecuciones y pruebas,

en realidad no podemos ser dignos de elogios ante Dios. Seremos elogiados por Él únicamente cuando hagamos las cosas sobrepasando lo que se supone que debemos hacer.

Es decir, es natural que un hijo de Dios sufra pruebas y persecuciones por el nombre del Señor. Por tanto, en lugar de darles palabras de consuelo, el Señor les dijo que sean fieles al punto de la muerte, para que pudieran recibir mayores bendiciones y recompensas. Esta fue una expresión del amor de Dios.

## Debemos prestar atención a la Palabra de Dios

A pesar de que Dios nos da Su palabra de promesa, esta no nos será útil si no le prestamos atención. Como está escrito: *"Mis ovejas oyen mi voz, y yo las conozco, y me siguen"* (Juan 10:27), los hijos de Dios que han recibido el Espíritu Santo deben escuchar lo que Él les está diciendo. Es por ello que el Señor le dice a la iglesia de Esmirna: "El que tiene oído, oiga lo que el Espíritu dice a las iglesias..." (v. 11).

No se refiere simplemente al oído físico con el que escuchamos sonidos, sino a que debemos poseer oídos espirituales para discernir la verdad y poder así escuchar la voz del Espíritu Santo quien nos guía a la verdad y nos permite conocer el corazón y la voluntad de Dios. Solo de esta manera podremos entender el significado espiritual inmerso en la Palabra de Dios que es predicada.

Este tipo de oído espiritual se volverá más sensible en la medida en que nos abstengamos de la maldad de nuestros corazones. Por el contrario, mientras más maldad tengamos en nuestros corazones, nuestros oídos espirituales serán menos sensibles. Por ende, no podremos comprender la Palabra de Dios cuando la escuchemos, y no podremos ser guiados por el Espíritu Santo.

Sin embargo, es posible que tengamos un poco de maldad en el corazón y no podamos escuchar la voz del Espíritu Santo con claridad. Incluso en este caso, si simplemente obedecemos la Palabra de Dios con un 'Sí' y 'Amén', pronto alcanzaremos el nivel para escuchar la voz del Espíritu Santo con claridad. Luego tendremos la habilidad para discernir las cosas de acuerdo a la Palabra de Dios para que de esta manera podamos vencer sobre todo tipo de pruebas, persecuciones y tentaciones.

"El que venciere" significa aquellos que luchan en contra y desechan los pecados y maldades con la Palabra de Dios como lo mencionado anteriormente. El Señor dijo que este tipo de persona no sufrirá daños de la segunda muerte. Por lo tanto, ¿qué es la segunda muerte, y qué significa sufrir daños de la segunda muerte?

## No sufrir daños de la segunda muerte

Cuando Dios llama a nuestro espíritu, nuestro cuerpo pronto cambia y se convierte en un cadáver frío. Luego de cierto tiempo, vuelve a ser un puñado de polvo. Cuando nuestra vida física termina de esta manera, es la primera muerte.

La segunda muerte es cuando nuestro espíritu, el amo del hombre, es puesto en el fuego eterno del Infierno.

En el libro de Apocalipsis podemos observar que los nombres escritos en el Libro de la Vida pueden ser incluso borrados, y estas personas serán arrojadas al lago de fuego.

*"Y vi a los muertos, grandes y pequeños, de pie ante Dios; y los libros fueron abiertos, y otro libro fue abierto, el cual es el libro de la vida; y fueron juzgados los muertos por las cosas que estaban escritas en los libros, según sus obras. Y el mar entregó los muertos que había en él; y la muerte y el Hades entregaron los muertos que había en ellos; y fueron juzgados cada uno según sus obras. Y la muerte y el Hades fueron lanzados al lago de fuego. Esta es la muerte segunda. Y el que no se halló inscrito en el libro de la vida fue lanzado al lago de fuego"* (Apocalipsis 20:12-15).

Aquellas personas que viven en falsedad y pecado, es decir,

aquellos que no viven en la Palabra de Dios y no han vencido, sufrirán de la segunda muerte; ellos sufrirán por siempre en el fuego eterno del Infierno.

Pero aquellos que vivan por la Palabra de Dios, aquellos que incluso no son conmovidos en persecuciones y pruebas sino que han vencido, no sufrirán daños de la segunda muerte, sino que llegarán a la vida eterna.

El Señor le dijo estas palabras a la iglesia de Esmirna debido a que Él no quiere que solo las personas que vayan a Corea del Norte, sino todos los lectores de Su mensaje, triunfen sobre todas las pruebas, sean fieles al punto de morir y que reciban la Corona de la Vida.

Además, el Señor nos dice que proclamemos a aquellos que no conocen la verdad y que están yendo por el camino de la muerte; a ellos debemos predicarles valientemente que no tengan miedo de las pruebas sino que reciban la salvación al seguir la verdad.

Este es un deber que se nos ha dado a cada uno de nosotros. Cualquier individuo o iglesia que cumple con su deber de manera fiel, recibirá las bendiciones de Dios y eternas recompensas celestiales.

Aquí no debemos olvidar una cosa. En 1 Timoteo 5:22 nos dice: *"No impongas con ligereza las manos a ninguno, ni participes en pecados ajenos. Consérvate puro"*. No debemos ser perezosos al momento de purificar y santificar nuestras vidas.

*"Y el mismo Dios de paz os santifique por completo; y todo vuestro ser, espíritu, alma y cuerpo, sea guardado irreprensible para la venida de nuestro Señor Jesucristo"* (1 Tesalonicenses 5:23). Como menciona este verso, alcancemos la santificación, sin tener defecto o manchas para que de esta manera podamos ingresar a la Nueva Jerusalén.

# Capítulo 3

# La iglesia de Pérgamo
- Una iglesia tibia y manchada
con teorías heréticas

La iglesia de Pérgamo fue elogiada por mantener su fe incluso en persecuciones y dificultades. Sin embargo, fueron severamente reprendidos porque habían creyentes que seguían las enseñanzas de los nicolaítas.

El mensaje es dado a las iglesias de la actualidad que son tibias y que están comprometidos con el mundo o que siguen enseñanzas heréticas.

"Y escribe al ángel de la iglesia en Pérgamo: El que tiene la espada aguda de dos filos dice esto: Yo conozco tus obras, y dónde moras, donde está el trono de Satanás; pero retienes mi nombre, y no has negado mi fe, ni aun en los días en que Antipas mi testigo fiel fue muerto entre vosotros, donde mora Satanás.

Pero tengo unas pocas cosas contra ti: que tienes ahí a los que retienen la doctrina de Balaam, que enseñaba a Balac a poner tropiezo ante los hijos de Israel, a comer de cosas sacrificadas a los ídolos, y a cometer fornicación.

Y también tienes a los que retienen la doctrina de los nicolaítas, la que yo aborrezco.

Por tanto, arrepiéntete; pues si no, vendré a ti pronto, y pelearé contra ellos con la espada de mi boca.

El que tiene oído, oiga lo que el Espíritu dice a las iglesias. Al que venciere, daré a comer del maná escondido, y le daré una piedrecita blanca, y en la piedrecita escrito un nombre nuevo, el cual ninguno conoce sino aquel que lo recibe".

# La carta del Señor a la iglesia de Pérgamo

"Y escribe al ángel de la iglesia en Pérgamo: El que tiene la espada aguda de dos filos dice esto" (Apocalipsis 2:12).

Pérgamo comienza a aparecer en la historia en la época de Lisímaco, uno de los generales de Alejandro Magno. Él vio que esta ciudad era una fortaleza natural y comenzó a desarrollarla. Desde ese entonces se convirtió en un centro de la cultura helenística. Su nivel de cultura fue comparable al de Alejandría, una de las ciudades culturales más importantes de la historia.

Pérgamo era un lugar en el que había muchas religiones. La idolatría estaba desenfrenada entre la gente, tanto que el santuario de Asclepio era como un hospital.

Como estaba prosperando como uno de los estados del

Imperio Romano, construyeron muchos santuarios para adorar al Emperador Romano. Por ende, los cristianos que no adoraron al Emperador, comenzaron a sufrir persecución.

La iglesia de Pérgamo fue establecida bajo una gran cantidad de persecuciones. Al principio mantuvieron su fe, pero como el Imperio Romano aceptó el cristianismo como la religión del estado, se secularizó. Es por ello que recibieron tanto elogios como reproches de parte del Señor.

## El que tiene la espada aguda de dos filos

La carta a la iglesia de Pérgamo comienza así: "Y escribe al ángel de la iglesia en Pérgamo: El que tiene la espada aguda de dos filos dice esto..." (v. 12). Primeramente menciona quién envía la carta y a quién se la envía.

El ángel de la iglesia hace referencia al pastor de la iglesia. La espada aguda de dos filos simboliza la Palabra de Dios. En Hebreos 4:12 leemos: *"Porque la palabra de Dios es viva y eficaz, y más cortante que toda espada de dos filos; y penetra hasta partir el alma y el espíritu, las coyunturas y los tuétanos, y discierne los pensamientos y las intenciones del corazón".*

Aquel que posee la Palabra de Dios como una espada de dos filos es Jesucristo. Juan 1:14 menciona: *"Y aquel Verbo fue hecho carne, y habitó entre nosotros (y vimos su gloria, gloria como del unigénito del Padre), lleno de gracia y de verdad".* Jesús es el Hijo de Dios y la Palabra, y vino a la Tierra en carne.

Además, como menciona la última parte de Juan 1:1 *"...y el Verbo (la Palabra) era Dios",* Jesús es uno con Dios quien es la Palabra misma. Jesús, el Hijo de Dios, quien vino a la Tierra en carne, es Dios mismo en origen. Él es el Señor de todas las cosas en los Cielos y en la Tierra; Él es el Rey de reyes y Señor de señores.

Entonces ¿cómo obra en nosotros la Palabra de Dios, que es más cortante que toda espada de dos filos?

## Cómo obra la Palabra de Dios en nosotros

Ningún otro libro en este mundo posee la vida o el poder para realizar obras. Solo la Palabra de Dios es viva; solo ella tiene vida y cuando creemos y actuamos de acuerdo a ella, entonces sucede lo que está escrito. Se muestra la obra de la vida, la obra de revivir a las almas muertas.

Salmos 37:4 dice: *"Deléitate asimismo en Jehová, y él te concederá las peticiones de tu corazón".* Para deleitarnos en Dios primeramente debemos hacer que Él se deleite. De esta manera podremos recibir respuestas (Proverbios 11:20; 12:22; 15:8; Hebreos 11:6). Cuando nosotros creemos esta palabra y la ponemos en práctica, recibimos respuestas. Por medio de ello podremos de manera segura comprender que la Palabra de Dios es viva.

Además la Palabra de Dios es como una espada cortante que penetra incluso para partir el alma y el espíritu y las coyunturas y los tuétanos. El alma, como un todo, se refiere al dispositivo de memoria en la mente del ser humano, el conocimiento que hay en él y la operación de utilizar el conocimiento almacenado. El Espíritu es algo que nunca cambia o perece, sino que es eterno. El espíritu es vida y verdad en sí.

Las personas poseen espíritu, alma y cuerpo. Originalmente el espíritu señoreaba sobre el alma y el cuerpo, pero debido al pecado de Adán, el espíritu, el mayordomo del hombre, murió y fue confinado totalmente en el alma.

Sin embargo, si alguien acepta a Jesucristo como su Salvador, recibirá el don del Espíritu Santo y el espíritu muerto revivirá. Además, en la medida en que alguien se abstenga del alma de falsedad, es decir el conocimiento de la falsedad por medio de la Palabra de Dios, su espíritu crece y este se recupera por completo.

## "Coyunturas" lleva en sí el significado de varios criterios que se forman por la 'arrogancia'.

Del mismo modo, la Palabra de Dios rompe las falsedades del alma y da energía al espíritu para estar más activo. Además partirá las coyunturas y los tuétanos. En este caso las 'coyunturas' no se refieren a las coyunturas físicas de los huesos, sino que simbolizan los criterios espirituales que uno ha formado.

Los criterios son formados por las cosas que uno ve, escucha y aprende, por lo tanto, estos en realidad contienen muchas falsedades. Los criterios se forman cuando la arrogancia se solidifica. 'Arrogancia' es lo que uno cree que es correcto desde su propio punto de vista.

En el caso de algunas personas, sus personalidades pueden convertirse en sus criterios. En otros casos, su conocimiento, educación, gustos, hábitos y otros tipos de comportamiento pueden llegar a convertirse en sus criterios. Si nosotros establecemos estos criterios, puede ser que tengamos conflictos con los demás cuando sus opiniones sean diferentes a las nuestras. Quizás les hagamos pasar momentos difíciles a los demás, y es probable que juzguemos y condenemos sin llegar a comprenderlos. Esto puede ser visto en la vida diaria en varias maneras. Por ejemplo, en el caso de una persona que ha tenido que ir abriendo sus propios caminos sin tener con quién compartir su corazón, quizás tenga dificultades en relacionarse con los demás. Su carácter introvertido se convierte en su criterio y de esta manera no puede estar cerca de los demás con facilidad.

En este tipo de casos, si los demás alrededor tienen un carácter extrovertido, posiblemente malinterpreten a esta persona. Quizás lo juzguen y piensen: "Es egoísta y arrogante".

Pero incluso una persona que posee criterios muy fuertes

quizás no los haga relucir. Esto quiere decir que no insiste en su arrogancia, y no tiene muchos conflictos con las demás personas. No obstante, este tipo de personas no aceptan ningún tipo de consejo de los demás, por lo que les es difícil cambiar.

De igual manera, solo la Palabra de Dios puede quebrantar varios tipos de criterios. Pero si la persona tiene sus propios criterios muy arraigados y no abre su corazón, la Palabra de Dios no puede ser forzada sobre él.

Solo cuando la persona abre su corazón, la Palabra de Dios puede entrar en él y cambiarlo, es debido a que Dios obra de acuerdo a la justicia.

Si nosotros reconocemos el hecho de que poseemos nuestros propios criterios, abrimos nuestros corazones con humildad y estamos dispuestos a aceptar la Palabra de Dios, entonces Él puede incluso quebrantar cada criterio fuerte con Su palabra.

## 'Tuétanos' simboliza la forma del mal más profundo de nuestro corazón

El tuétano es una parte suave, es un tejido conjuntivo modificado altamente vascular que ocupa las cavidades de la mayoría de los huesos. Espiritualmente, significa el pecado y la maldad que se encuentra enraizado en lo más profundo. Al igual que la médula ósea, que se encuentra profundamente en el interior de los huesos, las formas del mal también se colocan en el interior del corazón de los hombres.

Nosotros podemos encontrar fácilmente la forma del mal que se puede ver por fuera. Sin embargo, por lo general no nos damos cuenta de la maldad que está muy dentro de nuestra naturaleza. Por lo general, podemos pensar que no tenemos envidia y celos, pero en una situación extrema, nos encontramos con el mal que ha estado oculto en lo más profundo de nosotros y sale a la luz.

Este fue el caso con Job en el Antiguo Testamento. Él no consideró que era una persona mala. Dentro de su propio conocimiento, él estaba actuando de manera perfecta con sus obras y en su corazón. Pero lo cierto es que tenía obras de maldad dentro de su naturaleza. Es por ello que, cuando Satanás lo acusó, Dios permitió que las pruebas tomaran lugar a fin de que él fuera capaz de darse cuenta de su maldad.

Job sufrió en gran manera: él perdió su familia y todas sus riquezas. Sufrió de mucho dolor a causa de las llagas que cubrieron todo su cuerpo. En ese momento la maldad de la cual no estaba consciente, comenzó a salir a la luz.

Fue en ese instante cuando Dios mismo se lo explicó, que él se dio cuenta de su maldad. Luego Job se arrepintió por completo y desechó su maldad. De esta manera él pudo ingresar a un nivel espiritual más profundo y llegó a ser el doble de rico de lo que había sido anteriormente.

La arrogancia y los propios criterios, al igual que las

'coyunturas' y 'tuétanos', son parte del cuerpo, y solo pueden ser removidos por la espada de la Palabra de Dios. Solo cuando quebrantamos incluso esta arrogancia y criterios podemos llegar a ser hijos santos de Dios.

No obstante, no cualquier predicador puede penetrar aún para partir las coyunturas y los tuétanos. Tienen que ser mensajes espirituales para que puedan llegar a hacer esto. Además el predicador también debe poseer la autoridad sobre sus palabras.

La palabra dada por medio del Señor, quien tiene la autoridad sobre el mundo como una espada de dos filos, para la iglesia de Pérgamo, es también dado a todas las iglesias en la actualidad.

## Situaciones similares a la de la iglesia de Pérgamo en la actualidad

El mensaje dado a la iglesia de Pérgamo es para las iglesias y creyentes que son tibios, y además que están manchados con teorías heréticas. Son aquellos que claman el nombre de Dios pero niegan a Jesucristo y además quienes de manera astuta cambian la Palabra de Dios.

No sólo se engañan a sí mismos, sino que también engañan a los demás para que crean sus falsas ideologías. El Señor no le da la espalda incluso a este tipo de personas. Él hace brillar Su luz sobre sus conceptos erróneos con la Palabra de Dios, que es como espada de dos filos. El Señor da Su palabra para hacer que ellos se arrepientan y cambien para que puedan ser salvos.

En el Día del Juicio, quizás alguien ponga la excusa de que no lo sabía. Pero cuando sus palabras y obras se reflejan con la Palabra de Dios, su falsedad será claramente revelada.

Aunque incluso prediquen la Palabra de Dios y tengan la apariencia de ser una iglesia en lo externo, las herejías son obras de Satanás. Cambian la esencia de la Palabra de Dios ligeramente.

Nosotros debemos discernir las herejías no con los estándares de las personas, sino solo con la Palabra de Dios. Sin embargo la realidad es que cada vez más iglesias juzgan y condenan a otras iglesias como heréticas, tan solo porque sus doctrinas y teorías son un poco diferentes.

## El estándar de las herejías en la Biblia

En 2 Pedro 2:1 leemos: *"Pero hubo también falsos profetas entre el pueblo, como habrá entre vosotros falsos maestros, que introducirán encubiertamente herejías destructoras, y aun negarán al Señor que los rescató, atrayendo sobre sí mismos destrucción repentina"*.

El estándar más claro para discernir una herejía es si aceptan o niegan al Señor que los ha comprado. Es decir, si alguien no cree en Jesucristo como el Salvador, puede ser llamado un hereje. Jesucristo nos ha limpiado de nuestros pecados y nos ha salvado mediante Su sangre. Por lo tanto, todos los hijos de Dios que son salvos han sido comprados por el Señor mediante Su sangre.

Por consiguiente, antes de que Jesús fuera crucificado y cumpliera con su tarea como el Cristo mediante la resurrección, no existía la expresión 'herejías'. Jesús quiere decir: 'Aquel que salvará a su pueblo de sus pecados' (Mateo 1:21) y 'Cristo' es la palabra en griego para 'Mesías', que significa 'El Ungido'.

Únicamente después de que Jesús cumplió con Su deber como el Cristo mediante la resurrección, podemos decir que alguien es herético cuando niega a Jesucristo, 'el Señor que los compró'. Es por ello que la palabra 'herejía' no aparece en el Antiguo Testamento o en los Cuatro Evangelios.

A medida que se acerca el final, surgen más herejías y más personas actúan como si fueran los salvadores y engañan a las personas enseñando que debemos ser salvos por medio de ellos.

A medida que transcurre el tiempo revelan su identidad. Son aficionados a la lascivia, perturban el camino de la verdad y recogen dinero de sus seguidores, además de hacer muchas cosas ilegales. Claro está que no debemos juzgar a los demás como personas heréticas solo por cosas ilegales, si es que ellos no niegan al Señor.

Quizás sea necesario aconsejarlos e incluso reprenderlos para que puedan arrepentirse, pero no podemos juzgar como herejes sólo por algunas cosas ilegales que hacen, a no ser que nieguen a Jesucristo.

Podemos comprender esto claramente por medio de las palabras de Gamaliel el maestro, cuando habló a aquellos que habían sido juzgados y condenados por creer en Jesucristo.

*"Y luego dijo: Varones israelitas, mirad por vosotros lo que vais a hacer respecto a estos hombres. Porque antes de estos días se levantó Teudas, diciendo que era alguien. A éste se unió un número como de cuatrocientos hombres; pero él fue muerto, y todos los que le obedecían fueron dispersados y reducidos a nada. Después de éste, se levantó Judas el galileo, en los días del censo, y llevó en pos de sí a mucho pueblo. Pereció también él, y todos los que le obedecían fueron dispersados. Y ahora os digo: Apartaos de estos hombres, y dejadlos; porque si este consejo o esta obra es de los hombres, se desvanecerá; mas si es de Dios, no la podréis destruir; no seáis tal vez hallados luchando contra Dios"* (Hechos 5:35-39).

## Falsos profetas, falsos maestros y el anticristo

En 2 Pedro 2:1 se habla acerca de los falsos profetas y falsos maestros quienes de manera secreta introdujeron herejías destructivas e incluso negaron al Señor que los compró. En este caso, 'falso' no se trata simplemente de una mentira para engañar a los demás, sino negar a Jesucristo quien es la verdad.

1 Juan 2:22 dice: *"¿Quién es el mentiroso, sino el que niega que Jesús es el Cristo? Este es anticristo, el que niega al Padre y al Hijo"*. Como acabamos de leer, un mentiroso es una persona que niega que Jesús es el Cristo, y el anticristo es el que niega al Padre y al Hijo.

Por consiguiente, 1 Juan 4:2-3 dice: *"Amados, no creáis a todo espíritu, sino probad los espíritus si son de Dios; porque muchos falsos profetas han salido por el mundo. En esto conoced el Espíritu de Dios: Todo espíritu que confiesa que Jesucristo ha venido en carne, es de Dios; y todo espíritu que no confiesa que Jesucristo ha venido en carne, no es de Dios; y este es el espíritu del anticristo, el cual vosotros habéis oído que viene, y que ahora ya está en el mundo"*.

Los anticristo son aquellos que están en contra de Jesucristo con la Palabra de Dios. Ellos niegan el camino de la salvación por medio de Jesucristo. Negar a Jesucristo es lo mismo que estar en contra de Dios.

Si vamos a evitar ser engañados, debemos ser capaces de discernir las herejías y además ser capaces de distinguir los falsos profetas, falsos maestros y el anticristo de acuerdo a la Biblia. Además de esto, debemos ser capaces de permitir que otros comprendan con la espada de dos filos de la Palabra de Dios. Sin embargo, esto no quiere decir que tenemos que pelear con ellos.

Tito 3:10 dice: *"Al hombre que cause divisiones, después*

*de una y otra amonestación deséchalo"*. Como se menciona en este verso, podemos simplemente aconsejarle una o dos veces con la Palabra de Dios. Si es que escucha y cambia, es algo bueno. De lo contrario, lo mejor sería mantenerse alejado de aquel.

Esto se debe a que, a menos que permanezcan firmes en la verdad, quizás seamos afectados por sus teorías mientras argumentamos con estas personas, quienes cambian la verdad ligeramente y son capaces de penetrar en las debilidades de cada individuo, por lo tanto, no debemos discutir con ellos sin tener un conocimiento profundo de la Palabra de Dios.

Cuando una persona que no tiene mucho discernimiento es afectada por teorías heréticas, será difícil que se de cuenta y que cambie. Es por ello que el Señor nos dice que evitemos las peleas y nos mantengamos alejados de estas personas.

## El amor de Dios para salvar a todas las personas

El Señor da oportunidades para arrepentirse y cambiar a aquellos que mantienen ideologías heréticas, como los Testigos de Jehová. Por medio de la palabra dada a la iglesia de Pérgamo, el Señor quiso dejar una alerta para los creyentes y las iglesias de hoy en día que son como la iglesia de Pérgamo.

Además, el Señor nos advierte acerca de comprometernos con el mundo, debido a que tenemos una naturaleza carnal la cual intenta seguir lo que nosotros queremos, a pesar de conocer la voluntad de Dios. Nosotros debemos seguir la voluntad de Dios, pero si poco a poco permitimos la naturaleza carnal dentro de nuestros corazones, puede conducirnos a cambiar la Palabra. Al final esto puede guiarnos a poseer ideologías heréticas.

Con el fin de permitir que estas personas se den cuenta de lo que está sucediendo, necesitamos la Palabra de vida, con la autoridad que puede penetrar hasta dividir el alma, el espíritu, y las coyunturas y tuétanos. Además, debemos confirmar la palabra predicada por medio de las obras milagrosas del poder de Dios. Solo cuando esto se logra, las personas que han sido afectadas por ideologías heréticas pueden arrepentirse y alejarse de las mismas.

Por supuesto, no muchas personas pertenecen a esta categoría, sin embargo, Dios anhela que todos reciban la salvación y alcancen el conocimiento de la verdad (1 Timoteo 2:4). Incluso en caso de que sea muy difícil el que alguien sea salvo, si posee bondad en su corazón, se le dará una posibilidad mediante la gracia del Señor y la ayuda del Espíritu Santo.

Cuando nosotros predicamos el evangelio, podemos observar que es más difícil predicar a aquellas personas que tienen un conocimiento limitado y superficial de la Biblia y han sido afectadas por pensamientos heréticos, que predicarles a aquellos que no conocen el evangelio en absoluto. Por consiguiente, para propagar la verdad necesitamos poder y autoridad.

Nosotros debemos mostrar las evidencias mientras predicamos de Jesucristo y el evangelio del Reino de los Cielos para que los demás no lo nieguen, sino que lo acepten. De lo contrario, incluso si invertimos grandes esfuerzos para predicar el evangelio, no podremos cosechar frutos abundantes de él.

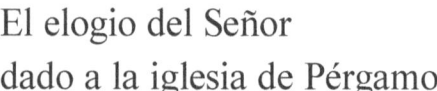

# El elogio del Señor
# dado a la iglesia de Pérgamo

"Yo conozco tus obras, y dónde moras, donde está el trono de Satanás; pero retienes mi nombre, y no has negado mi fe, ni aun en los días en que Antipas mi testigo fiel fue muerto entre vosotros, donde mora Satanás" (Apocalipsis 2:13).

En aquellos días, Pérgamo era una de las principales ciudades en Asia, además de ser el centro de la política y los estudios. Era una ciudad llena de extravagancia e idolatría. Pérgamo estaba llena de santuarios y templos para adorar a los ídolos, como los templos de Zeus, Dioniso, Atenas y Asclepio, y tres grandes santuarios para adorar al Emperador Romano. Había un templo especial, el templo de Asclepio; un lugar para adorar las serpientes.

La ciudad de Pérgamo era donde se encontraba el trono de Satanás, y en la iglesia de Pérgamo llevabas sus vidas como creyentes en este tipo de ambiente. Es por ello que el Señor les dice: "...donde está el trono de Satanás".

## La iglesia de Pérgamo mantuvo la fe en un lugar donde estaba el trono de Satanás

Cuando el Señor le dijo a la iglesia de Pérgamo que Él conocía dónde moraban, significa que el Señor conocía que ellos habitaban en un lugar que estaba lleno de ídolos. También quería dar a entender que la fe de ellos no se mantenía firme basada en la Palabra de Dios. Él les está diciendo que ellos se encontraban en una situación en la cual era fácil para ellos ser engañados por los falsos maestros como resultado de un ligero cambio en la Palabra de Dios.

El trono de Satanás hace referencia al lugar donde él se sienta; esto significa que Pérgamo estaba lleno de ídolos. No es fácil conservar la fe para quien vive en un lugar lleno de pecado y semejante a la cueva de Satanás. Esto se debe a que Satanás trae tantas persecuciones, pruebas y dificultades a la vida de los creyentes que se les dificulta mantener la fe.

Bajo esta severa persecución, Antipas fue martirizado. Su martirio se convirtió en la fuente de la fuerza para otros creyentes, para así poder mantener su fe y poder vencer. El Señor elogió este punto.

El Señor llamó a Antipas "mi testigo fiel". De estas palabras mencionadas por el Señor, podemos comprender bien la fe de Antipas. Él se despojó de la maldad en su corazón, se asemejó al Señor diligentemente y predicó el evangelio con toda su vida. Mientras cumplía con su deber como testigo del Señor, eventualmente fue martirizado.

Existe una historia que ha ido pasando de generación en generación acerca del martirio de Antipas. Un oficial romano colocó a Antipas en frente de un ídolo y lo forzó a que se arrodillará enfrente de la imagen del Emperador.

Él le dijo: "Antipas, te ordeno que te inclines delante del ídolo del Emperador Romano".

Entonces Antipas respondió: "Solo existe un Rey de reyes y Señor de señores, y Él es Jesucristo. Yo no me inclinaré ante ningún otro".

Entonces el oficial se enfureció y gritó: "Antipas, ¿no sabes que el mundo entero está en tu contra?"

Luego, Antipas respondió: "Entonces, en contra de todo el mundo yo reconozco a Jesucristo como el Señor de señores".

Debido a la ira del oficial, colocó a Antipas en un horno

ardiente de cobre y lo mató. Sin embargo, en estas terribles persecuciones y dificultades, los miembros de la iglesia de Pérgamo mantuvieron su fe.

Algunos de los creyentes que no conocen con claridad la verdad quizás tengan preguntas como: "Ellos creyeron en Dios y además fueron fieles. ¿Por qué fueron perseguidos y tuvieron que morir como mártires? Si Dios está realmente vivo, ¿cómo pudo dejarlos solos?" No obstante, si ellos comprenden la voluntad y providencia de Dios, pueden darse cuenta de por qué sucedieron estas cosas.

## La providencia de Dios mediante el martirio

Hubo muchos mártires muertos, no sólo en la iglesia primitiva como lo fue la iglesia de Pérgamo, donde Antipas murió como un mártir, sino también en todas partes donde los cristianos y el cristianismo se estableció inicialmente.

Este también fue el caso con el Imperio Romano que prácticamente gobernó sobre todo el mundo. Los ciudadanos romanos vieron cómo una gran cantidad de cristianos murieron como mártires en el Coliseo. Los consideraban como personas tontas; incluso los romanos disfrutaban de ello, pero luego comenzaron a pensar que era extraño.

"¿Cómo pueden tener una sonrisa en sus rostros mientras

están muriendo?"

"¿Qué les hace ser de esta manera?"

"¿Quién es el Jesús en quien ellos creen?"

Luego las personas comenzaron a interesarse en el cristianismo y con el tiempo más personas quisieron saber acerca del cristianismo. Finalmente, una gran cantidad de personas escucharon y aceptaron a Jesucristo.

Además, en el tiempo de Constantino I el Grande, el cristianismo fue aceptado y luego fue establecido como la religión del estado. Esta es la providencia de Dios que los seres humanos no pueden comprender. Sin ella, el cristianismo no se hubiera podido difundir por todo Europa y el resto del mundo con tanta rapidez.

Una persona que vive una vida cristiana a su antojo no puede mantener la fe cuando se enfrenta con el dolor del martirio y el miedo a la muerte. Lo más probable es que él se olvide de su fe cuando se enfrente a una situación extrema o una amenaza de vida debido a que no se ha abstenido de la maldad en su corazón.

Solo aquellas personas con un corazón inmutable pueden mantener su fe, incluso frente a las amenazas de la vida. Pueden morir como un mártir por su fe en la medida en que se abstengan de la maldad y alcancen la santificación. Este tipo de mártires recibirán gran honor y gloria de parte de Dios, por lo tanto, para ellos en realidad es una gran bendición.

~

# La reprensión del Señor a la iglesia de Pérgamo

"Pero tengo unas pocas cosas contra ti: que tienes ahí
a los que retienen la doctrina de Balaam, que enseñaba
a Balac a poner tropiezo ante los hijos de Israel, a
comer de cosas sacrificadas a los ídolos, y a cometer
fornicación. Y también tienes a los que retienen la
doctrina de los nicolaítas, la que yo aborrezco. Por tanto,
arrepiéntete; pues si no, vendré a ti pronto, y pelearé
contra ellos con la espada de mi boca" (Apocalipsis 2:14-
16).

Aunque la iglesia de Pérgamo recibió elogios, el Señor
comenzó a reprenderlos severamente. En la iglesia de Pérgamo
se encontraba Antipas, quien murió como un mártir, y otros que
mantuvieron su fe siguiendo el ejemplo de Antipas. Sin embargo,

hubo otras personas que no pudieron hacer esto.

El Señor les dijo que ellos retenían las enseñanzas de Balaam, y de manera severa los reprendió por sus obras.

## Balaam fue tentado por el dinero y la fama

Por lo tanto, ¿quienes fueron los que retuvieron la doctrina de Balaam y las enseñanzas de los nicolaítas? Para comprender esto debemos echar un vistazo al incidente entre los israelitas y Balaam, el cual se describe en los capítulos 22 al 24 del libro de Números.

Balaam fue hijo de Beor, y vivió cerca del río Petor. Él podía conversar con Dios. Un día Balac, el rey de Moab, le pidió un favor; él le pidió que maldijera a los israelitas. En ese entonces, habían pasado por los cuarenta años de vida en el desierto después del Éxodo, y estaban a punto de entrar en la tierra de Canaán.

Balac, el rey de Moab, escuchó que Dios estaba con los israelitas y cuando supo que ellos llegarían a su país, se llenó de miedo y le pidió a Balaam que lo ayudara.

Cuando Balaam le preguntó a Dios cuál era Su voluntad, Dios le dijo: *"No vayas con ellos, ni maldigas al pueblo, porque bendito es"* (Números 22:12).

Cuando él obtuvo este mensaje de parte de Dios, rechazó la propuesta de Balac. Sin embargo, el rey de Moab envió nuevamente un mayor número de príncipes más distinguidos con plata y oro donde Balaam. Entonces su corazón se estremeció. Podemos ver también este tipo de casos en nuestras vidas.

Si nosotros destruimos la tentación mediante la Palabra de Dios de inmediato, no seremos tentados nuevamente. Pero si existe lugar en nuestros corazones para ser estremecidos aún un poco, Satanás seguramente nos tentará otra vez. Además, aunque aparentemente parezca en lo externo que lo hemos dejado pasar, si no lo hacemos de manera completa en nuestro corazón, es posible que Satanás nos tiente nuevamente.

Parecía que Balaam había pasado la primera prueba. Sin embargo, debido a su codicia y deseos egoístas de honor y dinero, en la segunda ocasión fue tentado. Luego Dios le dijo: *"Si vinieron para llamarte estos hombres, levántate y vete con ellos; pero harás lo que yo te diga"* (Números 22:20).

La voluntad de Dios fue que él no vaya. Pero debido a que Dios conocía el corazón de Balaam y por qué él le estaba consultando nuevamente, Dios lo dejó a su libre albedrío. Finalmente, no pudo vencer sobre la tentación del dinero. Entonces Balaam le dijo a Balac, rey de Moab, cómo poner a los israelitas en dificultades (Números 25:1-2).

Ellos estaban acostumbrados a la simplicidad del desierto, por lo que estaban cansados de vivir en un desierto.

El momento que fueron invitados a un templo para la adoración a los ídolos, de repente fueron expuestos a las cosas de este mundo. Como resultado de esto, comieron la comida sacrificada a los ídolos y comenzaron a cometer adulterio con las mujeres moabitas. No era como en la actualidad cuando circuncidamos nuestros corazones y nos abstenemos del pecado mediante la ayuda del Espíritu Santo; ellos no pudieron evitar caer en las cosas del mundo.

Como castigo por ello, 24 000 israelitas murieron por una plaga (Números 25:9). Por cierto, en 1 Corintios 10:8, ésta registrado el número de los muertos como 23 000.

El número de muertos que se mencionan en el libro de Números (24 000), incluye a los israelitas y a las mujeres. Por otra parte, el número de muertos en 1 Corintios (23 000) está contando solo el número de los israelitas. Del mismo modo, si nosotros leemos la Biblia con la inspiración del Espíritu Santo, podemos encontrar aún más cuán precisa es la Biblia.

El Señor les está diciendo a aquellas personas que siguen el camino de Balaam: "...que tienes ahí a los que retienen la doctrina de Balaam". Por lo tanto, ¿cuál es la lección espiritual que debemos aprender del incidente de Balaam?

**Advertencia en contra de creer que llevamos una vida cristiana que es apropiada**

Primeramente, nos advierte acerca de llevar una vida cristiana como uno lo considere conveniente y comprometer la verdad con el mundo. Así como Balaam fue por el camino de la muerte a pesar de que él conoció cuál era la voluntad de Dios, existen muchos cristianos que viven sus vidas comprometidos con el mundo. Quiere decir que ellos aman el mundo y las cosas en él más que a Dios mismo.

Especialmente en la actualidad, 1 Timoteo 6:10 dice: *"Porque raíz de todos los males es el amor al dinero, el cual codiciando algunos, se extraviaron de la fe, y fueron traspasados de muchos dolores"*. Debido a la codicia por el dinero, las personas quebrantan el Día del Señor o roban los diezmos que le pertenecen a Dios (Malaquías 3:8).

Aunque un siervo de Dios debe dedicarse a la oración y al ministerio de la palabra, hay personas que están ávidas de dinero y de honor, o se comprometen con la autoridad del mundo.

Sin embargo, Mateo 6:24 dice: *"Ninguno puede servir a dos señores; porque o aborrecerá al uno y amará al otro, o estimará al uno y menospreciará al otro. No podéis servir a Dios y a las riquezas"*. No solo los siervos de Dios, pero también los hijos de Dios deben amarlo solo a Él y seguir Su voluntad. Nuestra fe no debe ser como la fe de Balaam quien se comprometió con el mundo.

Aunque sea algo irrelevante, si se trata de salir de la verdad y de comprometerse con el mundo, tarde o temprano caerá en él, y Satanás acusará por ello. Al igual que un poco de levadura puede esparcirse por toda la masa, si tan solo tomamos un poco de la obra de Satanás, eventualmente toda nuestra mente estará ocupada por las obras de Satanás.

A menudo podemos ver a los que fueron utilizados una vez para la obra de Dios, perderse, ser abandonados o depravarse cuando se mancharon con la carne. Existieron personas así entre los miembros de la iglesia en Pérgamo. Mientras fueron testigos del martirio de Antipas, aún así hubo personas que siguieron viviendo sus vidas cristianas a su manera y se dirigieron por el camino de la muerte.

El Señor no solo reprendió con dureza a las personas de la iglesia de Pérgamo, sino también a aquellas que en la actualidad siguen las doctrinas de Balaam, y les dice que deben arrepentirse.

## Advertencia contra el acto de cambiar de opinión

En segundo lugar, debemos darnos cuenta el hecho de que no debemos cambiar de opinión. Algunos dicen que aman a Dios, sin embargo conducen sus vidas cristianas a la ligera, como mejor les parece. Otros se olvidan de la voluntad de Dios, conociendo lo que es, debido a su deseo de dinero, fama y autoridad en el mundo. Nosotros no deberíamos ser así.

En gratitud, luego de recibir la gracia de Dios, algunas

personas profesan: "Dedicaré mi vida a Dios. Le entregaré mi vida y viviré para Él". No obstante, más tarde, cuando se encuentran con alguna dificultad en sus vidas, cambian de parecer y dicen: "¿Por qué tengo que vivir de esta manera? ¿Por qué no puede simplemente vivir una vida cristiana fácil como los demás?"

Es como Balaam que conocía la voluntad de Dios, pero cuando se enfrentó a la tentación del dinero y del honor, su corazón fue seducido. Pero las verdaderas personas de Dios nunca cambian su corazón aunque el tiempo pase o las situaciones cambien.

Este tipo de personas pueden ser encontradas en la Biblia. Entre ellas había una mujer que fue grandemente amada por Dios ya que en su bondad ella no cambió su corazón. La encontramos en el Antiguo Testamento; su nombre era Rut.

Rut fue una mujer moabita. Ella se casó con un israelita que había huido de la hambruna. Este luego murió sin haberle dado hijos. Ella tenía una cuñada llamada Orfa, quien se encontraba en la misma situación.

La suegra de ellas intentó retornar a su pueblo natal en la tierra de Judá. Ella le aconsejó a sus dos nueras que regresaran a sus hogares junto a sus padres; este fue un ofrecimiento generoso de parte de Noemí. De lo contrario, ellas tendrían que haber dejado su hogar en Moab y dirigirse a una tierra totalmente desconocida, como lo era Judá, sin esposos y sin hijos.

Al principio ambas dijeron que seguirían a su suegra hasta el final. Sin embargo, cuando Noemí nuevamente les pidió, la cuñada de Rut, Orfa, besó a Noemí y la dejó. No obstante, Rut era diferente.

*"Respondió Rut: No me ruegues que te deje, y me aparte de ti; porque a dondequiera que tú fueres, iré yo, y dondequiera que vivieres, viviré. Tu pueblo será mi pueblo, y tu Dios mi Dios. Donde tú murieres, moriré yo, y allí seré sepultada; así me haga Jehová, y aun me añada, que sólo la muerte hará separación entre nosotras dos"* (Rut 1:16-17).

Esto muestra realmente el corazón de Rut que nunca cambió en ninguna situación o circunstancia. Su corazón ni siquiera cambió luego de llegar a la tierra de Judá, donde sirvió a su suegra con todo su corazón.

Como resultado de ello, Rut recibió la bendición de Dios; luego formó una familia con un hombre llamado Booz. Además, como una mujer gentil, su nombre fue registrado en la genealogía de Jesús.

Si Balaam hubiera tenido un corazón que no cambia, jamás hubiera desobedecido a la voluntad de Dios ni hubiera enfrentado ninguna tentación o prueba. Pero en su corazón inconstante fue estimulada su codicia por el dinero y el honor. Él fue por el camino equivocado y causó que muchas personas cayeran en el camino de la muerte.

Nosotros debemos recordar que esta lección que nos ofrece la vida de Balaam es una de las enseñanzas que deben ser conocidas por todos los cristianos en la actualidad que viven en los últimos días en donde el pecado y la maldad están desenfrenados. Al conocer esta lección no deberíamos vivir vidas cristianas a nuestra conveniencia, sino que deberíamos llevar vidas cristianas sin cambiar de idea en ningún tipo de situación.

## Los que retienen la doctrina de los nicolaítas

En la iglesia de Pérgamo no solo había personas que seguían las enseñanzas de Balaam, sino que también retenían las enseñanzas de los nicolaítas. Como se explica en la iglesia de Éfeso, los nicolaítas fueron formados por Nicolás, quien solía ser uno de los siete diáconos en la iglesia primitiva.

Tal como lo expliqué anteriormente, cuando las personas siguen las enseñanzas de Balaam y llevan sus vidas cristianas de una manea conveniente, comprometidas con el mundo, caerán profundamente en el mundo. Con este tipo de compromiso, eventualmente llegarán a seguir las enseñanzas de los nicolaítas.

La afirmación de ellos era que el espíritu es puro sin importar cuánto el cuerpo pecara, y aún así el espíritu podía ir al Cielo. Podemos ver cuán equivocado es esto en base a la Biblia (1

Corintios 6:9-10; 1 Tesalonicenses 5:23).

En 1 Juan 1:7 leemos: *"Pero si andamos en luz, como él está en luz, tenemos comunión unos con otros, y la sangre de Jesucristo su Hijo nos limpia de todo pecado"*. Solo si nos abstenemos del pecado y caminamos en la luz podemos ser limpiados de todos los pecados mediante la sangre de Jesucristo.

¿Cómo podemos decir que somos salvos aunque vivamos en pecado? Cuando llevamos al extremo la vida cristiana a nuestra conveniencia, poco a poco nos conducirá a seguir las enseñanzas sectarias que promueven que se puede ser salvo aunque se cometa pecados. Algunos creyentes aman mucho las cosas de este mundo, por lo que les es muy difícil vivir mediante la Palabra. Más bien se interesan por la enseñanza que dice que voluntariamente puede cometer pecado y aún así ser salvos. Eventualmente ellos seguirán estas enseñanzas.

En la actualidad, llevar una vida cristiana que se adapte a nuestro estilo de vida es algo desenfrenado; por lo que debemos tener cuidado extra para no seguir estas enseñanzas de los nicolaítas. Si oramos sin fervor, ofrecemos servicios como creemos que sean aceptables, interpretamos la Palabra y la obedecemos según como sea apropiado a nuestro pensamiento, y decimos: "Esto es suficiente. No necesito hacer aquello...". De esta manera no es diferente en absoluto a seguir las enseñanzas de los nicolaítas.

## Las obras extremistas de Balaam pueden guiarnos a las enseñanzas de los nicolaítas

Tanto las enseñanza de Balaam como las de los nicolaítas consisten en llevar la vida cristiana a su conveniencia, sin embargo también existen diferencias entre ellas.

La enseñanza de Balaam implica servir a Dios con dos corazones; uno con amor al dinero y el otro a las cosas materiales. De esta manera se está comprometiendo a la autoridad y el honor del mundo, mientras se profesa amar y servir a Dios. Esto es cambiar el corazón que fue establecido en Dios en un comienzo y luego anhelar las cosas de este mundo. Finalmente, caen en el camino de la muerte.

Ahora, los actos de los nicolaítas son diferentes. Mientras cometen pecados, ellos enseñan a los demás que cometer pecado no tiene nada que ver con la salvación, por lo tanto tientan a las personas a ir por el camino de la muerte.

La enseñanza de los nicolaítas cuestiona la crucifixión de Jesús en nuestro favor.

Jesús fue clavado en sus manos y pies para redimirnos de nuestros pecados cometidos con nuestras obras. Sin embargo, ellos decían que seguiremos siendo salvos a pesar de que cometamos pecados. Esto es negar al Señor quien nos compró con el precio de Su sangre.

Tal como menciona Gálatas 5:13, que dice: *"Porque vosotros, hermanos, a libertad fuisteis llamados; solamente que no uséis la libertad como ocasión para la carne, sino servíos por amor los unos a los otros"*, hemos sido liberados del pecado y adquirido libertad por medio de Jesucristo, y no debemos cambiar esa libertad por las oportunidades de la carne.

Por supuesto, el cometer pecado en sí no es la obra de los nicolaítas. Cuando un nuevo creyente tiene una fe débil, no posee la suficiente fortaleza para guardar la Palabra y a veces comete pecados, pero luego se arrepiente y cambia. A medida que pasa por estas cosas, de manera gradual se va absteniendo del pecado.

No obstante, debemos recordar que si seguimos tras las obras de Balaam y nos comprometemos con el mundo, quizás seamos capturados por Satanás y afectados por las enseñanzas de los nicolaitas, creyendo que podemos seguir siendo salvos a pesar de que cometemos pecados.

## Dios quiere que nos arrepintamos y cambiemos

El Señor le dijo a aquellos que seguían las enseñanzas de Balaam y de los nicolaítas: "Por tanto, arrepiéntete; pues si no, vendré a ti pronto, y pelearé contra ellos con la espada de mi boca" (v. 16).

El Señor mencionó 'la espada de Mi boca', la cual significa la

Palabra de Dios. Por consiguiente, 'pelearé contra ellos con la espada de mi boca'; significa que el Señor les permitirá conocer con la Palabra de Dios qué es lo correcto y qué es lo incorrecto, para que de esta manera puedan cambiar. Es el amor de Dios que quiere que nos arrepintamos y cambiemos.

Cuando alguien está yendo por el camino incorrecto, quizás otra persona le aconseje o lo amoneste con la Palabra de Dios. Si dicha persona puede comprender y cambiar, esto es una bendición. Sin embargo, hay aquellos que no pueden escuchar aunque tengan oídos, estas personas son los que tienen sus oídos espirituales cerrados.

Al igual que Proverbios 22:17 dice: *"Inclina tu oído y oye las palabras de los sabios, y aplica tu corazón a mi sabiduría"*. Si somos verdaderos hijos de Dios, debemos estar dispuestos a inclinar nuestros oídos a la Palabra de Dios que es la verdad. Incluso aunque la Palabra parezca ser una vara para nosotros, debemos prestarle más atención, encontrar nuestro verdadero yo y cambiar. De esta manera, la Palabra será buena medicina para nosotros y de profundo beneficio para quitar el pecado de nuestra vida.

Pero aquellos que son arrogantes y llenos de maldad en sus corazones, no escucharán la Palabra de Dios la misma que nos es de represión y exhortación. Más bien sus oídos desearán escuchar cosas malas. Además, Proverbios 17:4 dice: *"El malo está atento al labio inicuo; y el mentiroso escucha la lengua detractora".*

Debemos darnos cuenta que el final de todas las cosas se acerca y ser de buen juicio y sobrios por el propósito de la oración y prestar atención solo a la verdad. No debemos ser afectados por pensamientos heréticos y, aunque hayamos sido afectados, debemos escuchar la voz de Dios la cual espera que nos arrepintamos y cambiemos de manera rápida.

# La promesa del Señor a la iglesia de Pérgamo

"El que tiene oído, oiga lo que el Espíritu dice a las iglesias. Al que venciere, daré a comer del maná escondido, y le daré una piedrecita blanca, y en la piedrecita escrito un nombre nuevo, el cual ninguno conoce sino aquel que lo recibe" (Apocalipsis 2:17).

Debemos escuchar la voz del Espíritu Santo y guardarla en nuestra mente. Si estamos siguiendo alguna parte de las obras de Balaam o las enseñanzas de los nicolaítas; debemos arrepentirnos y cambiar. Nosotros podemos cambiar cuando no olvidamos nuestra fe en el Señor hasta el último momento. A aquellas personas el Señor les promete que les dará el maná escondido y una piedrecita blanca.

## Promesa de la vida eterna dada cuando nos arrepentimos

El maná escondido se refiere a nuestro Señor Jesucristo. El maná fue la comida dada a los israelitas mientras ellos estaban atravesando el desierto luego del Éxodo. Éxodo 16:31 explica que *"...era como semilla de culantro, blanco, y su sabor como de hojuelas con miel"*. Era tan solo para recordarles sus vidas físicas.

No obstante, Juan 6:49-51 dice: *"Vuestros padres comieron el maná en el desierto, y murieron. Este es el pan que desciende del cielo, para que el que de él come, no muera. Yo soy el pan vivo que descendió del cielo; si alguno comiere de este pan, vivirá para siempre; y el pan que yo daré es mi carne, la cual yo daré por la vida del mundo"*.

Espiritualmente, el maná se refiere a la carne del Señor, el cual es la Palabra de Dios. Significa que los que coman esto tendrán vida eterna.

Darnos el maná escondido significa que podemos ser salvos a través de Jesucristo. Incluso para aquellos que vivieron una vida cristiana como a ellos les parecía y los que siguieron las enseñanzas de las sectas, la promesa de la vida eterna se puede dar si se arrepienten y cambian.

Entonces ¿por qué razón el Señor dijo que este maná estaba

escondido?

1 Corintios 2:7-8 dice: *"Mas hablamos sabiduría de Dios en misterio, la sabiduría oculta, la cual Dios predestinó antes de los siglos para nuestra gloria, la que ninguno de los príncipes de este siglo conoció; porque si la hubieran conocido, nunca habrían crucificado al Señor de gloria"*.

El hecho de que Jesús vino a este mundo en carne y murió en la cruz para redimir a los seres humanos de sus pecados, fue la providencia de Dios que fue planeada desde antes de los siglos, pero el secreto no podía ser revelado a nadie hasta que llegara el momento, por lo que tuvo que ser ocultado. Es por ello que Jesucristo es llamado 'maná', un maná escondido.

### Significado de la piedrecita blanca

Ahora, el Señor dijo que daría una piedrecita blanca. ¿Qué es la piedrecita blanca? Tal como dice 1 Corintios 10:4: *"Y todos bebieron la misma bebida espiritual; porque bebían de la roca espiritual que los seguía, y la roca era Cristo"*. La 'roca' (piedrecita) se refiere a nuestro Señor Jesucristo.

El color 'blanco' significa que no hay pecado ni maldad. Por lo tanto, en este caso la piedrecita blanca indica la pureza y el ser intachable de Jesucristo, quien no tiene pecado ni tinieblas.

El 'dar la piedrecita blanca' significa que nuestra fe crece y que nos paramos sobre la roca de la fe al comer el maná, la comida espiritual, y por actuar mediante la Palabra.

Ahora, el Señor dijo que hay un nuevo nombre escrito en la piedrecita blanca. Hechos 4:11-12 dice: *"Este Jesús es la piedra reprobada por vosotros los edificadores, la cual ha venido a ser cabeza del ángulo. Y en ningún otro hay salvación; porque no hay otro nombre bajo el cielo, dado a los hombres, en que podamos ser salvos".* Su nombre es Jesucristo.

Solo aquellos que escuchan la palabra de verdad, la ponen en acción y se paran sobre ella con fe, pueden reconocer el nombre de nuestro Señor Jesucristo.

Pero, ¿acaso las personas en el mundo no conocen a Jesucristo? ¡No, no lo conocen! Simplemente conocen su nombre humano. Solo conocen de Jesucristo como uno de los Cuatro Santos. Desconocen el hecho de que Jesucristo es nuestro único Salvador. Por lo tanto, no pueden decir que 'conocen' a Jesucristo.

Pero lo que me apena es que, incluso entre los creyentes, hay personas que no conocen el nombre del Señor. Aunque ellos vayan a la iglesia, confiesen que son creyentes en el Señor, no significa que ellos lo conocen. Solo cuando guardan la palabra de verdad, podemos decir que verdaderamente conocen el nombre del Señor.

Para poder recibir el maná escondido y la piedrecita blanca, deben ser personas que vencen. Vencer es vivir en la verdad mediante resistir los pecados de las tinieblas y marchar hacia adelante con una fe inmutable.

Solo aquellos que vencen pueden recibir el maná y la piedrecita blanca en la cual el nombre del Señor está escrito para que puedan entender quién es Jesucristo, creerlo, colocar su esperanza en el cielo y vivir con gozo y acción de gracias.

El simple conocimiento sin acciones no puede hacer que crezcan en la fe y no pueden creer verdaderamente en quién es Jesucristo; no pueden poner el nombre en sus corazones.

Algunas personas no viven de acuerdo a la Palabra de Dios y dan excusas al citar versos de la Biblia: "...el espíritu a la verdad está dispuesto, pero la carne es débil". Intentan justificarse a sí mismos con esto. Pero esto es simplemente una excusa. Si ellos quisieran realmente vivir en la Palabra, habrían obras.

Solo lo quieren en sus mentes, pero no quieren hacerlo en lo profundo de sus corazones. Si algo se decide en lo profundo del corazón, habrá una acción que vendrá como consecuencia.

Si una persona recibe el maná de parte del Señor y el nombre de Jesucristo que fue el secreto escondido desde antes de los siglos, entonces él conoce y cree dicho nombre desde su corazón, de este modo seguirán sus obras.

A estas personas el Señor les dice: "Te conozco", y les da la promesa tal como Juan 10:28 dice: *"Y yo les doy vida eterna; y no perecerán jamás, ni nadie las arrebatará de mi mano"*.

## Solo aquellos que actúan en la verdad obtienen vida eterna

Muchas personas dicen que conocen y creen en Dios, pero no todos ellos pueden ser salvos.

Juan 3:36 dice: *"El que cree en el Hijo tiene vida eterna; pero el que rehúsa creer en el Hijo no verá la vida, sino que la ira de Dios está sobre él"*. Del mismo modo, sólo cuando creemos y obedecemos las enseñanzas del Señor y vencemos los pecados y el mal, podemos recibir la promesa de la salvación a través de Jesucristo. Estas son las personas que sí conocen el nombre de Jesucristo.

No es suficiente para nosotros que conozcamos al Señor. El Señor mismo debe conocernos.

Juan 10:25-27 claramente muestra a quiénes el Señor les dice: "Yo los conozco", Él dijo: *"Os lo he dicho, y no creéis; las obras que yo hago en nombre de mi Padre, ellas dan testimonio de mí; pero vosotros no creéis, porque no sois de mis ovejas, como os he dicho. Mis ovejas oyen mi voz, y yo las conozco, y me siguen"*.

Además, 1 Juan 1:6-7 dice: *"Si decimos que tenemos comunión con él, y andamos en tinieblas, mentimos, y no practicamos la verdad; pero si andamos en luz, como él está en luz, tenemos comunión unos con otros, y la sangre de Jesucristo su Hijo nos limpia de todo pecado"*.

Solo aquel que camina en la luz y actúa en la verdad tiene comunión con Dios. Este tipo de persona es quien verdaderamente conoce a Dios y al Señor, y puede ser perdonada de todos sus pecados por medio de la sangre de Jesucristo.

Jesús solo habló acerca de la verdad y la bondad, y manifestó una gran cantidad de milagros y prodigios en el nombre de Dios el Padre. Sin embargo, en Sus días existieron personas que no creyeron. A ellas les dijo: *"Pero vosotros no creéis, porque no sois de mis ovejas, como os he dicho"* (Juan 10:26).

Si son verdaderas ovejas del Señor, creerán en Él mediante Su Palabra y Sus obras. Si creen en Él, escucharán Su voz y lo seguirán. Tales ovejas son las ovejas del Señor, y Él les dice: "Ustedes son mis ovejas, y Yo las conozco".

Por consiguiente, debemos obedecer la Palabra de Dios, practicar la verdad y poseer la promesa de la vida eterna dada mediante el Señor, para que de esta manera traigamos abundantes frutos en todos los aspectos de nuestra vida.

# Capítulo 4

# La iglesia de Tiatira
- Se comprometía con el mundo
  y comía cosas sacrificadas a los ídolos

La iglesia de Tiatira realizaba en ese momento más obras que antes para llevar a cabo el reino de Dios. De esta manera fueron elogiados por el Señor, sin embargo tuvieron que ser reprendidos por Él debido a que comieron la comida sacrificada a los ídolos, toleraron a la profetiza Jezabel y se comprometieron con el mundo.

Este es un mensaje dado a las iglesias y creyentes que se comprometen con el mundo y quienes llevan su vida cristiana a su conveniencia.

"Y escribe al ángel de la iglesia en Tiatira: El Hijo de Dios, el que tiene ojos como llama de fuego, y pies semejantes al bronce bruñido, dice esto: Yo conozco tus obras, y amor, y fe, y servicio, y tu paciencia, y que tus obras postreras son más que las primeras.

Pero tengo unas pocas cosas contra ti: que toleras que esa mujer Jezabel, que se dice profetisa, enseñe y seduzca a mis siervos a fornicar y a comer cosas sacrificadas a los ídolos. Y le he dado tiempo para que se arrepienta, pero no quiere arrepentirse de su fornicación. He aquí, yo la arrojo en cama, y en gran tribulación a los que con ella adulteran, si no se arrepienten de las obras de ella. Y a sus hijos heriré de muerte, y todas las iglesias sabrán que yo soy el que escudriña la mente y el corazón; y os daré a cada uno según vuestras obras.

Pero a vosotros y a los demás que están en Tiatira, a cuantos no tienen esa doctrina, y no han conocido lo que ellos llaman las profundidades de Satanás, yo os digo: No os impondré otra carga;

pero lo que tenéis, retenedlo hasta que yo venga.

Al que venciere y guardare mis obras hasta el fin, yo le daré autoridad sobre las naciones, y las regirá con vara de hierro, y serán quebradas como vaso de alfarero; como yo también la he recibido de mi Padre; y le daré la estrella de la mañana. El que tiene oído, oiga lo que el Espíritu dice a las iglesias".

~

# La carta del Señor a la iglesia de Tiatira

"Y escribe al ángel de la iglesia en Tiatira: El Hijo de Dios,
el que tiene ojos como llama de fuego, y pies semejantes
al bronce bruñido, dice esto:" (Apocalipsis 2:18).

La ciudad de Tiatira en aquel entonces disfrutaba de prosperidad en el comercio y la industria. Las personas que tenían el mismo tipo de trabajo se organizaban en grupos, similar a los gremios en la actualidad. Existía el gremio de tintoreros, de confeccionistas de ropa, de panaderos, de artesanos de vajillas de porcelana, de herreros y más. Los gremios estaban estrechamente relacionados con la vida de los ciudadanos de Tiatira. Si las personas no eran parte de ningún gremio, posiblemente tenían problemas en llevar sus vidas cotidianas.

Sin embargo, el problema era que cada gremio adoraba su propio dios guardián, por lo tanto, la actividad funcional de cada gremio en sí tenía carácter religioso. En las reuniones de sus gremios realizaban ritos ceremoniales a sus deidades guardianas, y luego de sus ceremonias ellos comían los alimentos sacrificados a los ídolos, y los miembros de los gremios eran forzados a participar en actividades deshonestas y lujuriosas. Incluso si se oponían a ellas, los miembros tenían la obligación de asistir.

Quizás podamos con facilidad imaginarnos cuán difícil habría sido para ellos guardar su fe. Los creyentes en la ciudad de Tiatira también tenían que ser parte de un gremio para poder llevar sus vidas; y algunos de ellos participaban en rituales y costumbres inmorales, para que de esta manera no perdieran sus tierras por sus vidas.

## Los ojos del Señor que son como llama de fuego y Sus pies semejantes al bronce bruñido

En el verso 18 se describe la apariencia del Señor el cual le escribe al ángel de la iglesia en Tiatira. Dice así: "El Hijo de Dios, el que tiene ojos como llama de fuego, y pies semejantes al bronce bruñido...". Significa que Sus ojos brillan como una llama de fuego en la oscuridad trayendo una sensación de calidez.

Al mismo tiempo, Sus ojos son como la llama de fuego que quema todo pecado y maldad, y de manera precisa discierne la verdad de la falsedad. El Señor utiliza Sus ojos como una llama de fuego para examinar cada corazón, pensamiento y mente. Es por ello que dice que Sus ojos son como llama de fuego.

¿Qué significa cuando dice: "y pies semejantes al bronce bruñido"? También Apocalipsis 1:15 dice: *"y sus pies semejantes al bronce bruñido..."*. Si nosotros refinamos el oro, la plata y el bronce a una temperatura extrema utilizando un horno, toda impureza en los mismos será removida.

Cuanto más puro se convierte más alto es su valor y se vuelve más brillante y precioso que antes de haber sido refinado. Los pies de nuestro Señor son puros y brillantes como el bronce refinado y pulido. Podemos decir que los pies constituyen una de las partes más sucias del cuerpo humano, pero nuestro Señor es incluso puro en Sus pies, ya que Él es perfecto y santo.

Por cierto, la razón por la que la Biblia dice que los ojos del Señor son como llama de fuego, y Sus pies semejantes al bronce bruñido es debido al deseo de Dios para que nos demos cuenta, una vez más, cuán glorioso y majestuoso es nuestro Señor.

Además, se hace énfasis en que el Señor es el Hijo de Dios, y que Él juzga todas las cosas. Él es extremadamente santo y majestuoso, y es uno con Dios el Creador Todopoderoso y quien juzgará todas las cosas. Él no puede ser comparado a ninguna criatura como un hombre o un ídolo que una persona puede crear. El Señor se merece toda la gloria.

Juan 20:31 dice: *"Pero éstas se han escrito para que creáis que Jesús es el Cristo, el Hijo de Dios, y para que creyendo, tengáis vida en su nombre"*. En 1 Juan 4:15 leemos: *"Todo aquel que confiese que Jesús es el Hijo de Dios, Dios permanece en él, y él en Dios"*.

Al único que tenemos que adorar y servir es al Señor Jesús, que es uno con Dios. No debe existir ningún objeto o criatura a la cual nosotros adoremos.

## Casos actuales semejantes a los casos de la iglesia de Tiatira

En la actualidad algunas iglesias locales aceptan las creencias de las diferentes áreas, con el pretexto de la tolerancia religiosa contextualizada.

En Corea del Sur, una iglesia permitía que se adorara a sus ancestros. Ellos dicen que creen en el único Dios y Jesucristo como su Salvador, pero hacen algo como esto. Por supuesto, no hay nada de malo en brindar tributo a las obras que realizaron nuestros ancestros y estar agradecidos por lo que alcanzaron. No obstante, cuando los ritos sacrificiales son tolerados por razones de obligación moral, con el tiempo provocará que uno se ponga en contra de la verdad que es la palabra de Dios.

En 1 Corintios 10:20 leemos claramente: *"Antes digo que lo que los gentiles sacrifican, a los demonios lo sacrifican, y no a Dios; y no quiero que vosotros os hagáis partícipes con los demonios".*

Recientemente algunas iglesias protestantes también dijeron algo parecido y se unificaron con otras religiones que adoran ídolos, rindiéndoles honores. Dijeron que al hacer esto están teniendo un corazón generoso, buscando la unidad de toda la humanidad.

Pero Dios no se complace cuando las iglesias se dan la mano junto con las otras religiones que adoran ídolos. Es una blasfemia hacia Dios cuando se envía una felicitación en un día de celebración de los dioses gentiles o el traer la adoración a ídolos dentro del santuario de Dios. Aunque no tengan la intención de blasfemar a Dios, se están yendo en contra de Su voluntad e incluso poniéndose en contra de Él, sin conocer la verdad apropiadamente.

## Acciones que ocurren debido a la falta de conocimiento de la verdad

Servir y adorar a la Virgen María, quien concibió a Jesús mediante el Espíritu Santo, es un caso modelo de la situación de no entender bien la verdad. Por supuesto, las personas no dicen que adoran a la Virgen María como un ídolo. Sino que insisten en que ellos solo muestran su máximo respeto por ella, porque dio a luz al Salvador, el Señor Jesucristo.

Pero la realidad es que con el tiempo guían a las personas que no pueden discernir con claridad la verdad ya que la desconocen, a postrarse y orar ante la mera forma de un ser creado, una mera criatura.

En Juan 19:26-27 leemos: *"Cuando vio Jesús a su madre, y al discípulo a quien él amaba, que estaba presente, dijo a su madre: Mujer, he ahí tu hijo. Después dijo al discípulo: He ahí tu madre. Y desde aquella hora el discípulo la recibió en su casa".*

Cuando Jesús le dijo a la Virgen María 'tu hijo', Él se refería a Su discípulo, Juan, quien estaba a su lado, y Jesús lo llamó a él 'tu hijo'. Jesús no se hizo llamar a sí mismo 'hijo'. También llamó a la Virgen María como 'mujer', nunca como 'madre'.

No existe ningún registro en la Biblia en el cual Jesús haya llamado a la Virgen María como 'madre'. En Juan 2, cuando Jesús convirtió el agua en vino, Él le dijo a ella: *"...¿Qué tienes conmigo, mujer? Aún no ha venido mi hora"* (v.4). Él llamó a la Virgen María 'mujer'.

En Éxodo 3:14, Dios dijo: *"YO SOY EL QUE SOY".* Nadie dio a luz a Dios, nadie creó a Dios. Por consiguiente, Jesús, quien es originalmente uno con Dios el Padre, no puede llamar a la Virgen María, quien es una simple criatura, 'madre'.

Jesús no fue concebido por el esperma de José o el óvulo de María. Fue concebido únicamente por el poder de Dios el Espíritu Santo. El Dios Todopoderoso puede permitir la concepción incluso sin la combinación de un esperma y un óvulo. Jesús simplemente tomó prestado el cuerpo de María.

En Éxodo 20:3-5 leemos: *"No tendrás dioses ajenos delante de mí. No te harás imagen, ni ninguna semejanza de lo que esté arriba en el cielo, ni abajo en la tierra, ni en las aguas debajo de la tierra. No te inclinarás a ellas, ni las honrarás..."*. Quizás crean que no están adorando a los ídolos, pero debido a sus criterios formados por sus pensamientos humanos, algunas personas están adorando a los ídolos y yéndose en contra de la voluntad de Dios.

Si continúan estando en contra de la verdad, mientras conocen la voluntad de Dios, no podrán recibir la gracia de Dios ni la ayuda del Espíritu Santo. Por lo tanto, caerán bajo las acusaciones de Satanás.

## Otras formas de actuar en contra de la verdad

Además de esto, en muchas áreas de la vida hay muchos ejemplos de cosas que están en contra de la verdad. Por ejemplo: algunas iglesias permiten que las personas fumen o ingieran bebidas alcohólicas. ¿Es esto realmente aceptable? Fumar y beber por sí mismo no puede ser el problema en sí, el problema es que causa o provoca muchas cosas pecaminosas.

1 Corintios 3:17 dice: *"Si alguno destruyere el templo de Dios, Dios le destruirá a él; porque el templo de Dios, el cual sois vosotros, santo es".* Como se menciona, nuestros cuerpo es un templo santo de Dios, y no debemos contaminarlo con cigarrillo o alcohol.

Además existen personas que no confiesan sus pecados delante de Dios, sino delante de otras personas que actúan como mediadores. El mismo Jesucristo se convirtió en nuestro mediador y nos redimió de todos nuestros pecados, para que así lleguemos a ser hijos de Dios. Por lo tanto, ¡cómo debe afectarle a Él ver este tipo de personas!

Cuando Jesús murió en la cruz, el velo del templo se partió en dos desde la parte superior a la parte inferior. Fue para abrir el camino para que podamos comunicarnos con Dios directamente. En el Antiguo Testamento, el sumo sacerdote ofrecía el sacrificio en nombre de las personas para el perdón de los pecados. Pero desde que Jesucristo se convirtió en nuestro sacrificio expiatorio, podemos comunicarnos directamente con Dios.

Cualquier persona que crea en Jesucristo puede acercarse al santo santuario de Dios para adorarle. Cuando nosotros oramos, podemos orar a Dios de manera directa, sin tener que acudir primero a un sacerdote o profeta.

Además, incluso si alguien dice: "Tus pecados te son

perdonados", nuestros pecados no pueden ser perdonados solo con palabras. Dios, y solo Dios, puede perdonar nuestros pecados.

Quizás alguien pregunte: "¿Qué quiere decir cuando el Señor le dijo a Sus discípulos después de la resurrección: *'A quienes remitiereis los pecados, les son remitidos; y a quienes se los retuviereis, les son retenidos'*, como está escrito en Juan 20:23?" Pero hay un problema con estas palabras las cuales no pueden aplicarse universalmente a todos.

La persona debe ser un hombre que se ha convertido en uno con Dios y el Señor, y es amado y garantizado por Él. Como se menciona en Santiago 5:16: *"...la oración eficaz del justo puede mucho"*, la oración de un hombre que es amado y aprobado por Dios puede traer Su misericordia y compasión.

Pero esto no quiere decir que alguien será perdonado incondicionalmente por los pecados que haya cometido. La clave para recibir el perdón de los pecados es la persona misma.

En 1 Juan 1:7 leemos: *"Pero si andamos en luz, como él está en luz, tenemos comunión unos con otros, y la sangre de Jesucristo su Hijo nos limpia de todo pecado"*. Nosotros podemos ser perdonados por medio de la preciosa sangre de Jesucristo solo cuando nos arrepentimos por completo de nuestros pecados y cambiamos y caminamos en la luz.

Si seguimos caminando en las tinieblas sin llegar a

arrepentirnos y cambiar, no importa cuánto una persona amada y garantizada por Dios ore por nosotros, Dios no nos perdonará.

Orar a través de un mediador a Dios para recibir perdón, demuestra la falta de un adecuado entendimiento de la Biblia y está muy lejos de la voluntad de Dios.

# El elogio del Señor a la iglesia de Tiatira

"Yo conozco tus obras, y amor, y fe, y servicio, y tu paciencia, y que tus obras postreras son más que las primeras" (Apocalipsis 2:19).

Jesús le dijo a la iglesia de Tiatira "Yo conozco tus obras, y amor, y fe, y servicio, y tu paciencia, y que tus obras postreras son más que las primeras". Quizás alguien piense que esto en realidad es un elogio del Señor, pero en realidad no lo es. Es solo que sus obras postreras eran más que las primeras.

A diferencia de la iglesia en Éfeso que perdió su primer amor y recibió una represión de parte del Señor, la iglesia de Tiatira tenía más obras a medida que el tiempo fue pasando.

## El amor, la fe, el servicio y la perseverancia de la iglesia de Tiatira

Primero fueron elogiados por su trabajo. En este sentido, su trabajo no estaba relacionado con algún tipo de industria o negocio, sino con el trabajo en la obra del Señor. Es el trabajo en la obra por el reino de Dios y es todo lo hecho en el Señor que incluye la salvación de las almas.

Evangelizar, realizar visitas, obras misioneras, obras de caridad, ser fieles a las responsabilidades dadas por Dios y servir a los demás son ejemplos de estos trabajos.

El propósito de la iglesia es solo la salvación de las almas y el reino de Dios. Algunas personas hacen uno u otro negocio diciendo que lo hacen por el reino de Dios, pero el propósito real dentro de sus corazones es para su propio beneficio.

Dios no se complace en este tipo de casos que más bien acarrean problemas. Por consiguiente, no debe haber nada relacionado con la realización de cualquier tipo de negocio mundano en la iglesia. Por otra parte, Dios no se complace con nosotros cuando tenemos una conversación que está relacionada con algún negocio mundano dentro de la iglesia.

Luego, existía amor en la iglesia de Tiatira. Debe haber amor en el Señor, y este amor debe ser el amor inmutable, el mismo que el Señor nos mostró a nosotros. Este es el amor espiritual y verdadero, y solo aquellos que tienen este tipo de amor pertenecen a Dios.

La voluntad de Dios es que nos amemos los unos a los otros (1 Juan 4:7-8); este fue el nuevo mandamiento que nos fue dado. Primeramente debemos amar a Dios y amar a nuestro prójimo como a nosotros mismos.

La iglesia de Tiatira también tenía fe. La fe está directamente relacionada con la veracidad. Una persona no puede creer en los demás cuando ella misma tiene falsedad en su corazón. Solo cuando una persona es veraz en su corazón puede ver y conocer la verdad en los demás y ser capaz de tener la confianza y creer en ellos.

Lo mismo se aplica a la fe. En la medida que tengamos más verdad en nuestro corazón, podemos creer en la Palabra de Dios que es la verdad. Hebreos 10:22 dice: *"Acerquémonos con corazón sincero, en plena certidumbre de fe..."*. Cuando tenemos corazones sinceros, podemos poseer fe verdadera.

En la iglesia de Tiatira existía el servicio. Aunque el Señor siendo en forma de Dios, no estimó el ser igual a Dios como cosa a que aferrarse (Filipenses 2:6).

Como está escrito en Marcos 10:45 que dice: *"Porque el Hijo del Hombre no vino para ser servido, sino para servir, y para dar su vida en rescate por muchos"*, Jesús vino para servirnos, no para ser servido.

Por consiguiente, como hijos de Dios, debemos imitar Su ejemplo y servir a los demás. No obstante, el servicio que Dios quiere de nuestra parte es el servicio que proviene de lo más profundo de nuestro corazón por los demás. Nosotros tenemos que considerar mejores a los demás el momento que los servimos. Entonces podremos servir no solo en lo externo, sino desde lo profundo de nuestros corazones. Además podemos ser respetados y ser servidos por otras personas de manera sincera.

Por último, en la iglesia de Tiatira existía la perseverancia. Mateo 7:13-14 dice: *"Entrad por la puerta estrecha; porque ancha es la puerta, y espacioso el camino que lleva a la perdición, y muchos son los que entran por ella; porque estrecha es la puerta, y angosto el camino que lleva a la vida, y pocos son los que la hallan"*.

Ya que el camino que nos conduce al Cielo es estrecho, para que podamos ir por el camino, es necesario que seamos perseverantes. Debemos batallar en contra del pecado al punto de derramar sangre. Debemos orar y ayunar y ser fieles al reino de Dios y a veces quizás tengamos que sufrir por el nombre del Señor.

Cuando nuestra fe es débil, podemos llegar a pensar que es algo duro y desearemos tomar un descanso. Sin embargo, Romanos 8:18 dice: *"Pues tengo por cierto que las aflicciones del tiempo presente no son comparables con la gloria venidera que en nosotros ha de manifestarse".* Debido a que sabemos cuán grandioso será el fruto después de soportar todas estas cosas, podemos volver a levantarnos y caminar por el camino angosto.

Y de hecho, desde el momento que estamos en la roca de la fe, ya no nos sentiremos obligados a caminar este camino estrecho con perseverancia. En Romanos 5:3-4 leemos: *"Y no sólo esto, sino que también nos gloriamos en las tribulaciones, sabiendo que la tribulación produce paciencia; y la paciencia, prueba; y la prueba, esperanza".* Como se menciona, estamos llenos de gozo y agradecimiento en cualquier situación. Podemos ir por el camino que va hacia el Cielo con paz en nuestros corazones.

## Dios desea corazones sinceros y fe verdadera

Como expliqué anteriormente, el elogio del Señor hacia la iglesia de Tiatira, no fue realmente un elogio. No fue porque sus obras, amor y fe fueron las apropiadas a los ojos de Dios, sino que sus obras postreras fueron mayores que las primeras.

Esto quiere decir que sus 'obras' externas fueron mayores. Fue en realidad un consejo de parte del Señor, quien quería que se dieran cuenta si sus obras externas eran realmente sinceras.

En lo externo, sus buenas obras eran cada vez mayores, pero ¿cuál fue el propósito real? No era que sus buenas obras en sí eran incorrectas. Sino que ellos debían examinar si el propósito de sus buenas obras era mostrar los aspectos de su bondad a los demás.

Lo más importante no es lo que se puede ver en lo externo sino lo íntimo del corazón y actuar con fe verdadera. Puede ser que realicemos grandes obras para el Señor y que tengamos las obras de amor, fe, servicio y paciencia o perseverancia, pero si estas cosas no provienen de lo profundo del corazón, no pueden ser obras totalmente verdaderas.

Por ejemplo: quizás ayudemos a aquellos que están pasando por necesidad. No obstante, si lo hacemos para nuestra propia satisfacción o deseo de sobresalir pensando: "¡Hacemos estas buenas obras en gran cantidad. Esto sí es amor y fe!", entonces, no será veraz a los ojos de Dios quien examina lo más secreto del corazón.

Existen casos en los cuales algunas personas parecen ser fieles a las obras de Dios y que llevan vidas creyentes fervientes, pero no son reconocidos por Dios. Dan la apariencia de ser cristianos fieles ya que realizan muchas obras voluntarias, sirven a los demás y realizan buenas obras. Pero lo más probable es que dejaron de circuncidar sus corazones.

Ellos no obran por la llenura del Espíritu o mediante la esperanza por el Cielo, pero en lugar de eso solo trabajan con diligencia en lo carnal. Por supuesto que debemos tratar de hacer muchos trabajos voluntarios y participar activamente en muchos campos de la iglesia, ya que debería ser natural hallar las cosas que deben realizarse que son agradables a Dios.

Sin embargo, lo más importante es buscar la gracia y la fortaleza de Dios desde lo profundo de nuestro corazón, y cambiar a lo espiritual aún más. Solo de esta manera nuestras obras voluntarias y servicio se convierten en las obras de la fe verdadera.

La fe sin obras es muerta, pero las obras sin fe no tienen sentido. No importa cuántas obras realicemos en el nombre del Señor, si no hacemos el esfuerzo de despojarnos de la maldad en nuestros corazones y no conducimos nuestras vidas en las obras del Espíritu Santo, no será fe espiritual y tampoco una vida cristiana espiritual.

Quizás aparentemos ser obreros fervientes, pero no vamos a poder creer u obedecer la palabra que no está en acuerdo con nuestros pensamientos. No podremos darnos cuenta del corazón o la voluntad de Dios y no podremos comprender las profundas palabras espirituales que recibiremos, de esta manera permaneceremos en el estado de la fe carnal. Las obras con esta fe carnal pueden ser elogiadas por aquellos que sólo ven las obras externas, pero no por Dios que escudriña el corazón.

Incluso en la actualidad, posiblemente no llevemos vidas cristianas con corazones sinceros, sino solo con la apariencia externa que puede ser reconocida por las demás personas. Por consiguiente, debemos examinar qué tipo de corazón tenemos.

No hace mucho tiempo murió una monja famosa la cual pasó la mayor parte de su vida ayudando a los necesitados. Incluso recibió el Premio Nobel de la Paz. Ella dedicó toda su vida a ayudar a los pobres.

Sin embargo, podemos ver qué tipo de vida en la fe ella llevó por una carta que escribió. La revista TIME reportó que ella no podía sentir la existencia de Dios desde el momento que comenzó a trabajar para ayudar a los necesitados hasta el momento en el que ella murió. Ella comparó el dolor de su corazón con el dolor del Infierno, y era escéptica incluso sobre la existencia del Cielo y de Dios.

Esta mujer fue reconocida y elogiada por muchas personas debido a su devoción por los necesitados. No obstante, el tipo de fe que ella tenía no era el tipo de fe que podía ser reconocido por Dios. Es por esta razón que ella no pudo llevar una vida en Cristo y tener un encuentro con el Dios vivo y recibir Sus respuestas.

Nuestras obras postreras deben ser mayores que las primeras y, al mismo tiempo, debemos poseer obras sinceras y de fe verdadera que puedan ser reconocidas por Dios.

# La reprensión del Señor a la iglesia de Tiatira

"Pero tengo unas pocas cosas contra ti: que toleras que esa mujer Jezabel, que se dice profetisa, enseñe y seduzca a mis siervos a fornicar y a comer cosas sacrificadas a los ídolos. Y le he dado tiempo para que se arrepienta, pero no quiere arrepentirse de su fornicación. He aquí, yo la arrojo en cama, y en gran tribulación a los que con ella adulteran, si no se arrepienten de las obras de ella. Y a sus hijos heriré de muerte, y todas las iglesias sabrán que yo soy el que escudriña la mente y el corazón; y os daré a cada uno según vuestras obras" (Apocalipsis 2:20-23).

La iglesia de Tiatira tenía fervor y fidelidad carnal, pero no fueron verdaderamente diligentes a la hora de circuncidar sus corazones. Es por esto que ellos cometieron el pecado de comer lo que era sacrificado a los ídolos y fueron engañados por una falsa profetiza como Jezabel. Por ello, el Señor los reprendió.

## La iglesia de Tiatira aceptó a Jezabel, una profetisa autoproclamada

Jezabel era hija del rey de los sidonios en el siglo IX a. C. Ella se casó con Acab, rey de Israel. Cuando se casó con Acab, introdujo los ídolos de su país a Israel, y luego tanto el rey Acab como otros de sus subordinados y el pueblo fueron teñidos con la idolatría.

Aunque el hombre de Dios, Elías, hizo descender fuego del cielo e hizo llover mediante el asombroso poder de Dios, aún así ella nunca se arrepintió sino que intentó matar a Elías. Ella realizó muchas cosas malas y también motivó al rey Acab con sus planes malvados. Jezabel acumuló maldad sobre maldad, finalmente se enfrentó a una muerte miserable como fue profetizado por Elías.

El rey Acab también fue maldecido por Dios, y tuvo una muerte miserable en el campo de batalla.

Israel también tuvo que enfrentar muchas tribulaciones debido a Jezabel. La razón por la que no llovió durante tres años y medio fue porque Dios había apartado Su rostro de ellos ya que fueron teñidos en el pecado de Jezabel (1 Reyes 17:1; Santiago 5:17).

La iglesia de Tiatira también toleró la fuente del pecado de

Jezabel en la iglesia y se estaban manchando con el pecado.

2 Corintios 6:14-16 dice: *"No os unáis en yugo desigual con los incrédulos; porque ¿qué compañerismo tiene la justicia con la injusticia? ¿Y qué comunión la luz con las tinieblas? ¿Y qué concordia Cristo con Belial? ¿O qué parte el creyente con el incrédulo? ¿Y qué acuerdo hay entre el templo de Dios y los ídolos? Porque vosotros sois el templo del Dios viviente, como Dios dijo: Habitaré y andaré entre ellos, y seré su Dios, y ellos serán mi pueblo".*

En muchas ocasiones Dios en la Biblia alerta a Sus hijos para que no se unan con personas malas. Además, no debemos tolerar el curso de este mundo, ni tampoco tolerar el ser tentados por la falsedad.

Cuando nosotros nos unimos de manera individual con aquellos que están en contra de Dios, como por ejemplo en nuestro matrimonio o en un negocio, sufriremos pruebas y persecuciones. No importa lo mucho que intentemos, si nosotros nos unimos con aquellos que están en contra de la voluntad de Dios, nuestra fe también se verá afectada y además quizás seamos tentados por el mundo.

Cuando hay dos bueyes bajo un mismo yugo y uno de ellos trata de salirse o se cansa, no importa cuánto intente, no puede ir en la dirección que originalmente desea ir. Del mismo modo, si nos unimos con aquellos que no son idóneos delante de Dios, tendremos problemas en nuestro crecimiento espiritual y experimentaremos dificultades para recibir bendiciones.

Esto no quiere decir que debemos incondicionalmente evitar a cualquiera que no crea en el Señor en nuestro hogar o lugar de trabajo, pero de seguro no debemos cometer el error de tolerar a personas como Jezabel y estar sujetos a las mismas.

## La iglesia de Tiatira fue reprendida por comer cosas sacrificadas a los ídolos

El Señor reprochó con palabras a la iglesia debido a que toleraron a una mujer llamada Jezabel quien se autoproclamó profetiza, y porque cometieron actos inmorales y comieron cosas sacrificadas a los ídolos.

En este caso, 'comer cosas sacrificadas a los ídolos' no comprendía solo el sentido literal de 'comer cosas que se ofrecían en sacrificio a los ídolos'. Fue más bien una advertencia contra los diversos actos malvados que surgieron, asociados con el acto de comer las cosas que eran sacrificadas a los ídolos. Incluso ellos participaron en actos inmorales en adoración a los ídolos. Este fue un problema mucho más serio.

En Hechos 15, encontramos que los apóstoles y ancianos instruyeron a los gentiles que aceptaron el evangelio a que se abstuvieron de las cosas sacrificadas a los ídolos, de la sangre, del ahogado y la fornicación.

Los judíos en ese entonces crecieron bajo instrucciones estrictas acerca de guardar la Ley, por eso no fue difícil para ellos abstenerse de lo que Dios les había prohibido. Sin embargo, para los gentiles no es fácil guardar todo en la ley. Por lo tanto, al reunirse los apóstoles, ellos decidieron darle a los creyentes gentiles cierta libertad, salvo en algunas cosas.

La razón por la cual dijeron que se abstuvieran de las cosas sacrificadas a los ídolos fue nuevamente para que no se manchen en la adoración a los ídolos y demás pecados que se asociaron estrechamente con las cosas sacrificadas a los ídolos. Sin embargo, 1 Timoteo 4:4 dice: *"Porque todo lo que Dios creó es bueno, y nada es de desecharse, si se toma con acción de gracias"*.

Por consiguiente, no podemos juzgar que comer la comida sacrificada a los ídolos es en sí definitivamente pecado a menos que participemos en los ritos de adoración a los ídolos. Aunque la comida estaba en frente de los ídolos, ya que todos los alimentos son dados por Dios, siempre y cuando los comamos con fe, no importa.

No obstante, 1 Corintios 8:7 dice: *"Pero no en todos hay este conocimiento; porque algunos, habituados hasta aquí a los ídolos, comen como sacrificado a ídolos, y su conciencia, siendo débil, se contamina"*. En otras palabras, si alguien no es lo suficientemente fuerte en la fe y come alimentos sacrificados a los ídolos, mientras que piensa que eso es un pecado, entonces su conciencia será contaminada ya que voluntariamente hace lo que considera un pecado.

Además, en 1 Corintios 8:10 leemos: *"Porque si alguno te ve a ti, que tienes conocimiento, sentado a la mesa en un lugar de ídolos, la conciencia de aquel que es débil, ¿no será estimulada a comer de lo sacrificado a los ídolos?"* Si alguien que es débil en la fe ve a una persona que él considera que tiene fe comer en el templo de un ídolo, posiblemente piense que es aceptable comer comida sacrificada a los ídolos. Si él también comienza a comer alimentos sacrificados a los ídolos sin mucha discreción, quizás participe en pecados aún mayores.

Por consiguiente, incluso cuando nuestra fe sea lo suficientemente fuerte para comer alimentos sacrificados a los ídolos, si causamos que los hermanos que tienen fe débil tropiecen a causa de ello, entonces lo correcto es que no se coma dicha comida.

## El significado espiritual de la inmoralidad y las cosas sacrificadas a los ídolos

Los actos de inmoralidad y el comer cosas sacrificada a los ídolos no se refieren solo a los actos físicos. En un sentido espiritual, cuando los hijos de Dios llegan a amar las cosas más que a Dios, o adorar ídolos que Dios odia, es una inmoralidad espiritual.

Además, cuando se alinean con las personas que tientan a los creyentes a caer dentro de los placeres mundanos e ir en pos de la falsedad, y participan en sus actos, están comiendo cosas sacrificadas a los ídolos. Cuando la iglesia de Tiatira toleró a Jezabel, eventualmente ellos también toleraron tal inmoralidad espiritual y la idolatría en la iglesia, y es por ello que fueron reprendidos por el Señor.

Muchos gremios artesanales estuvieron bien desarrollados en la ciudad de Tiatira y las personas de la iglesia siempre se sintieron tentadas a adorar a los ídolos a través de las prácticas de los gremios. Todos sus compañeros de trabajo o socios adoraban a los ídolos para recibir prosperidad en sus negocios. Cuando los miembros de la iglesia no participaban en estas prácticas, lo más probable era que fueran odiados o perseguidos por los demás. Imaginemos que un hombre que se hace llamar un hermano en Cristo viene a ellos y los tienta cuando sabe que están en agonía.

"No confías en este ídolo con tu corazón. Una vez que te inclines delante de este ídolo, todo estará bien. No seas el único que quiere actuar de este modo. Dios es amor".

"Si usted actúa de una manera obstinada y quebranta la paz con sus vecinos, puede parecer embarazoso y se obstaculizará la gloria de Dios y quizás no pueda evangelizar a nadie en absoluto.

Para poder evangelizar a las personas, ¿no cree que lo más sabio es que solo por esta vez se arrodille frente a este ídolo?"

Sabiendo que no es verdad, algunas personas lo justifican entre sí, y tientan a los demás al igual que lo hizo Jezabel. ¿Y si estas personas son líderes de la iglesia o incluso el pastor?

Si alguien saliera directamente hacia nosotros y nos dijera: "Pongámonos en contra de Dios. Hagamos cosas malas", mientras tengamos aunque sea un poco de fe, estaríamos alerta y trataríamos de mantenernos alejados de esta persona. No obstante, cuando una persona de manera externa profesa la Palabra de Dios y dice: "Yo me comunico con Dios. Soy un profeta y un siervo de Dios", aquellos que tengan una fe débil pueden ser engañados.

Si verdaderamente es un profeta de Dios, entonces la prueba de que Dios está con él lo acompañará. Debe poseer el fruto de la luz y el fruto del Espíritu Santo, frutos como la bondad, el amor, el sacrificio y la mansedumbre. Por sobre todas las cosas, debe tener la autoridad y ser acompañado con obras poderosas de Dios que se manifiestan para mostrar que Dios lo garantiza.

Aquellos que son guiados por las obras del Espíritu Santo pueden reconocer un verdadero profeta con sus frutos, aunque no se haga llamar a sí mismo un profeta. Por el contrario, cuando un falso profeta se hace llamar profeta, tal como lo hizo Jezabel, si lo discierne con la verdad, la verdadera identidad puede ser revelada.

Deuteronomio 18:22 dice: *"Si el profeta hablare en nombre de Jehová, y no se cumpliere lo que dijo, ni aconteciere, es palabra que Jehová no ha hablado; con presunción la habló el tal profeta; no tengas temor de él"*.

## Razón por la cual no debemos aceptar falsos profetas

Un profeta que se hace llamar profeta y calumnia a otras personas con palabras maliciosas, juzga, condena, busca su propio beneficio con mentiras y hace que las personas pasen mala sangre entre ellas, es un falso profeta. Un falso profeta trae problemas a la iglesia y a sus miembros con muchos engaños perversos, planes y trucos.

Este no guía a las personas a amar a Dios. Al contrario, siembra cosas carnales y mundanas en ellos y provoca que las personas lo sigan en los caminos de la carne.

Si nosotros nos asociamos con este tipo de gente, seremos manchados con la mentira sin poder darnos cuenta de ello. Por consiguiente, una iglesia nunca debe tolerar a una persona como Jezabel ni tampoco ser tentados a cometer pecados junto a un falso profeta.

Por supuesto, cuando alguien del rebaño no obedece y trae problemas haciéndose llamar profeta, un verdadero pastor debe soportar y conducir el rebaño con amor.

Debemos saber que no es amor el tolerar una sinagoga de Satanás, ni tampoco tolerar a una persona como Jezabel, quien tienta a los creyentes a caer a la destrucción, ni permitirle trabajar libremente dentro de la iglesia.

Mateo 18:15-17 explica cómo debemos tratar con los que causan tales problemas en la iglesia.

*"Por tanto, si tu hermano peca contra ti, ve y repréndele estando tú y él solos; si te oyere, has ganado a tu hermano. Mas si no te oyere, toma aún contigo a uno o dos, para que en boca de dos o tres testigos conste toda palabra. Si no los oyere a ellos, dilo a la iglesia; y si no oyere a la iglesia, tenle por gentil y publicano".*

Nosotros debemos seguir estas instrucciones. Cuando esta persona se arrepiente, debemos perdonarle y cubrir sus trasgresiones pasadas. Pero si no se arrepiente y cambia, sino que persiste hasta el final, no debemos dejar que perturbe la iglesia e impida la gloria de Dios.

Pero al mismo tiempo, debemos hacerlo con el corazón del Señor que no quebrará la caña cascada o apagará el pábilo que humea.

## Dios da oportunidades para arrepentirse

El castigo no viene de manera inmediata cuando una persona comete pecados y errores a los ojos de Dios. Ya sea por el oír la Palabra predicada desde el púlpito o por el obrar del Espíritu Santo, Dios le da la oportunidad de darse cuenta de sus pecados, arrepentirse y cambiar.

Sin embargo, aunque Él le de una oportunidad de darse cuenta de su pecado, si su corazón sigue endurecido y no cambia, caerá sobre esa persona un castigo por medio de las acusaciones de Satanás. Comienza con un castigo suave. Si aun así la persona no cambia, se le darán castigos cada vez más severos.

Este fue el caso con las diez plagas que vinieron sobre Egipto en el tiempo del Éxodo. Al principio, todo el río Nilo se convirtió en sangre por lo que las personas no pudieron beber el agua y luego vino una plaga de ranas que estaban por todos lados, incluso en sus artesas.

A pesar de que tales plagas fueron angustiadoras y atormentadoras, el daño causado no era todavía algo fatal de lo que no podrían recuperarse. Hubiera sido bueno si Faraón cambiaba, pero cuando las plagas eran alejadas, él nuevamente volvía a desobedecer la voluntad de Dios, por lo que tuvo que enfrentar cada vez más plagas miserables.

Hubo plagas de forúnculos que resultaron en úlceras y pestilencia. Enfrentaron una plaga de granizo y una plaga de langostas; tuvieron que sufrir perjuicio económico grave.

Aun así, el Faraón no cambió de idea. Finalmente todos los hijos primogénitos en Egipto murieron, incluyendo el primer hijo del Faraón, de sus subordinados, esclavos e incluso del ganado. Sin embargo, el faraón no se arrepintió y el Mar Rojo lo sepultó.

Proverbios 3:11 dice: *"No menosprecies, hijo mío, el castigo de Jehová, ni te fatigues de su corrección".* Cuando los hijos de Dios evitan la voluntad de Dios, el Espíritu Santo gime. En sus corazones perderán la paz y se sentirán afligidos.

Además, Dios da varias señales para que puedan darse cuenta. No obstante, si aún siguen sin darse cuenta, Dios permitirá el castigo sobre ellos. Son lastimados, se enferman o tienen un accidente. Posiblemente también sufran problemas familiares o de negocios; quizás tengan pérdidas financieras.

Ya que somos hijos de Dios, Él nos disciplina cuando estamos alejados de la verdad para que vayamos por el camino correcto. Si después de cometer pecado no existe un castigo, significa que no tenemos parte con Dios. De hecho, es algo más terrible que el mismo castigo (Hebreos 12:8).

Por consiguiente, cuando somos castigados debido a nuestro pecado, no debemos desalentarnos o darnos por vencidos, sino que debemos tomarlo con agradecimiento en lo profundo de nuestros corazones, y cambiar lo más rápido posible. Entonces, el Dios de misericordia y gracia nos perdonará; nos salvará de las tribulaciones y nos protegerá de las plagas, además de permitirnos nuevamente vivir bajo Su paz y Su protección.

## El hecho de no arrepentirse cuando se presenta la oportunidad de hacerlo

Si no queremos cambiar, aún cuando Dios nos da una oportunidad de arrepentirnos por medio del castigo, cosecharemos todo lo que hagamos sobre la Tierra. En el último día, seremos sentenciados a una muerte eterna.

La iglesia de Tiatira también recibió una oportunidad para arrepentirse, pero ellos no lo hicieron y tuvieron que atravesar pruebas severas. El Señor les advierte diciéndoles: "He aquí, yo la arrojo en cama, y en gran tribulación a los que con ella adulteran, si no se arrepienten de las obras de ella" (v. 22).

En términos generales, una cama hace que la gente se sienta relajada y cómoda, y hace que las personas deseen descansar en ella. Pero en términos espirituales, esta cama es un lugar donde Jezabel realiza cosas detestables. Es un lugar que Dios rechaza y evita. Por consiguiente, la expresión 'la arrojo en cama', significa que el Señor se enojará con las personas malas que no cambian aunque reciban una oportunidad para hacerlo. Esto quiere decir que el Señor los arrojará dentro de una situación de gran tribulación.

A veces, los malignos parecen disfrutar de su prosperidad ya que el castigo o la tribulación no viene sobre ellos inmediatamente. Incluso algunas personas dicen: "Si Dios está verdaderamente vivo, ¿cómo puede dejar solo a un hombre malo como ese?" y luego se quejan.

Pero Salmos 37:1-2 dice: *"No te impacientes a causa de los malignos, ni tengas envidia de los que hacen iniquidad. Porque como hierba serán pronto cortados, y como la hierba verde se secarán".* Y luego, Salmos 37:10 dice: *"Pues de aquí a poco no existirá el malo; observarás su lugar, y no estará allí".*

Como está escrito, incluso los malignos pueden verse prósperos por un lapso de tiempo, y aparentar sentirse cómodos como si estuvieran descansando sobre una cama, pero una vez que cruzan el límite de la justicia, de manera instantánea serán juzgados.

A veces parece que no enfrentan juicio sino que llevan vidas pacíficas. No obstante, eventualmente serán arrojados al fuego eterno en el Infierno. Ellos no podrán decir que son prósperos.

Puede ser que la cama en la cual Jezabel fue arrojada se veía cómoda para aquellos que no se daban cuenta de este hecho, por lo que pueden caer en tentación y juntos cometer pecados. A tales personas el Señor les dice: "He aquí, yo la arrojo en cama, y en gran tribulación a los que con ella adulteran, si no se arrepienten de las obras de ella".

Entonces, en este caso, ¿qué significa 'gran tribulación'? Esto significa, ya sea el castigo final de no ser salvados y caer en el Infierno o para aquellos que vean la venida del Señor, atravesar por los Siete Años de la Gran Tribulación.

## Dios juzga de acuerdo a la justicia

Existe el caso en el cual el pecado de un individuo no solo trae tribulación a su vida, sino que quizás traiga tribulación de mayores consecuencias.

En primer lugar, todo un país que puede sufrir tribulación por causa del pecado de la cabeza de ese país. En segundo lugar, puede ser que toda una iglesia caiga en tribulación debido a que el pastor, quien es el responsable de la iglesia, no está bien delante de Dios. En tercer lugar, la familia enfrenta tribulaciones cuando uno de sus miembros de la familia comete algún pecado.

En el caso de Jezabel, se aplica a los tres casos anteriormente mencionados. Ella era como la madre del país. Jezabel tentó a su esposo, quien era el rey, sus subordinados y a su pueblo a que cometiera pecado. Ella fue quien estableció la adoración a los ídolos tal como lo hicieron los líderes religiosos. Es por ello que todo el país tuvo que enfrentar la gran tribulación de tres años y medio de sequía. Y ella misma, enfrentar una muerte miserable y trágica.

De este asunto, poder caer en cuenta que la guerra en un país o una grave tribulación no suceden por accidente, sino todo por la ley de la justicia. Lo mismo sucede sea esta la iglesia o un lugar de trabajo.

Por consiguiente, debemos tener presente que mientras más alta sea nuestra posición, tendremos que aceptar mayor responsabilidad, tanto en el trabajo como en la iglesia. Cuando la cabeza está alerta y ora, el cuerpo disfrutará de la prosperidad. Aunque venga una prueba, pronto desaparecerá.

Ya que Dios escudriña lo más profundo del corazón de cada uno con Sus ojos resplandecientes, nadie puede engañarlo. Las personas como Jezabel y aquellos que participan en sus obras, seguramente enfrentarán juicio en la justicia.

En el verso 23, el Señor dice: "Y a sus hijos heriré de muerte, y todas las iglesias sabrán que yo soy el que escudriña la mente y el corazón; y os daré a cada uno según vuestras obras".

Las palabras de advertencia: "Y a sus hijos heriré de muerte", también significan que el castigo o la tribulación vendrán en justicia. Esto no siempre quiere decir que un castigo o una tribulación vendrá sobre la vida de los hijos.

Como resultado del pecado individual de una persona, un miembro amado de la familia, como un esposo o una esposa, puede enfrentar la tribulación de padecer problemas financieros o enfermedad. La justicia de Dios será revelada por medio de ese juicio de manera que las personas podrán claramente darse cuenta que Dios examina no solo las obras sino también el pensamiento, la voluntad y el corazón.

Por supuesto, antes de que venga la tribulación, Dios permite que nos demos cuenta de nuestras faltas a través de varios medios. Nos advierte por medio de los mensajes predicados, o por medio de personas o maneras inesperadas.

Así que, mientras tengamos oídos espirituales para escuchar a Dios, podemos sentir que Él escudriña nuestro corazón y mente, y que Él interviene por nosotros, incluso en las cosas más pequeñas. Proverbios 15:3 dice: *"Los ojos de Jehová están en todo lugar, mirando a los malos y a los buenos"*, y Salmos 139:3 dice: *"Has escudriñado mi andar y mi reposo, y todos mis caminos te son conocidos"*.

El Dios Todopoderoso conoce no solo las palabras y obras de cada uno, sino también el corazón. Él conoce lo más profundo del corazón. No podemos ocultar ni una sola expresión de nuestro rostro llena de malos sentimientos en contra de otra persona. Incluso una pequeña obra de bondad que hayamos hecho en secreto será claramente revelada en el Día del Juicio.

Por consiguiente, debemos prestar atención a la voz de Dios la cual escudriña nuestro corazón y estar alertas para no seguir las enseñanzas de Jezabel.

# El consejo y la promesa del Señor a la iglesia de Tiatira

"Pero a vosotros y a los demás que están en Tiatira, a cuantos no tienen esa doctrina, y no han conocido lo que ellos llaman las profundidades de Satanás, yo os digo: No os impondré otra carga; pero lo que tenéis, retenedlo hasta que yo venga. Al que venciere y guardare mis obras hasta el fin, yo le daré autoridad sobre las naciones, y las regirá con vara de hierro, y serán quebradas como vaso de alfarero; como yo también la he recibido de mi Padre; y le daré la estrella de la mañana. El que tiene oído, oiga lo que el Espíritu dice a las iglesias" (Apocalipsis 2:24-29).

Dios es un Dios de justicia, Él paga de acuerdo a las obras en justicia, pero al mismo tiempo, es el Dios de amor que pacientemente soporta por mucho tiempo.

2 Pedro 3:9 dice: *"El Señor no retarda su promesa, según algunos la tienen por tardanza, sino que es paciente para con nosotros, no queriendo que ninguno perezca, sino que todos procedan al arrepentimiento"*.

Este es el tipo de corazón que Dios posee en el consejo que el Señor le da a la iglesia de Tiatira. El Señor no abandonó a la iglesia de Tiatira que no se arrepintió, sino que nuevamente les dio una palabra de consejo.

## La iglesia de Tiatira que no se arrepintió

En la iglesia de Tiatira 'los demás...a cuantos no tienen esa doctrina' se refiere a los nuevos creyentes que aún no viven por medio de la Palabra de Dios. Ellos de manera diligente escuchan la Palabra de Dios, no obstante todavía no poseen una fe lo suficientemente fuerte para guardar la Palabra.

Ahora, el Señor dice que ellos no conocen las cosas profundas de Satanás. En el sentido actual, se refiere a aquellos que permanecen en una religión que adoran a ídolos, pero no se dan cuenta que es la obra de Satanás.

Todos los países poseen leyes y regulaciones. Mientras estas se cumplen, todo funciona bien. Pero si las personas las desconocen, puede ser que las quebranten y luego serán sancionados. Lo mismo se aplica al reino espiritual. Si nosotros desconocemos la ley de Dios, puede ser que caigamos en las tentaciones de Satanás y de esta manera quebrantaremos la ley de Dios.

El precio de ello será que recibiremos un castigo. Sin embargo, aunque cometamos el mismo pecado, dependiendo de en cuál nivel de fe nos encontremos, el castigo será diferente. Por ejemplo: si un principiante en la fe y uno que ya posee una considerable medida de fe quebrantan el día de reposo, el Día del Señor, la gravedad de su pecado será diferente.

Cuando un hombre de fe juzga a los demás y es parte de habladurías, es completamente diferente a un nuevo creyente que aún no conoce la verdad. Seguramente un hombre de fe conoce que es un gran pecado el juzgar y criticar a los demás; en tal situación, es él mismo quien se convierte en un juez. Ahora, si esta persona continúa cometiendo el mismo pecado, entonces será acusado con más dureza por Satanás.

Del mismo modo, el reino espiritual tiene varias profundidades y, dependiendo de la profundidad, la obra de Satanás también varía. Pero los nuevos creyentes no conocen acerca de la profundidad del reino espiritual. Es por esta razón que el Señor dice que ellos no conocen las profundidades de Satanás.

## Razón por la cual la iglesia de Tiatira no se arrepintió

Los miembros de la iglesia de Tiatira se encontraban en

el nivel de fe más bajo; no conocían las cosas profundas de Satanás y sus ojos espirituales aún no estaban abiertos. Ellos escuchaban la Palabra pero no podían digerirla, y no tenían la fortaleza para ponerla en práctica. Es por eso que seguían amando las cosas de este mundo aunque profesaban su amor por Dios. No se despojaron del viejo hombre, sino que siguieron comprometiéndose con las tinieblas.

Cuando lo comparamos con las etapas de crecimiento físico del hombre, eran como un bebé que todavía tenía que beber leche o comer papillas. Es por ello que el Señor dijo a la iglesia de Tiatira: "no os impondré otra carga" (v. 24), y "pero lo que tenéis, retenedlo hasta que yo venga" (v. 25).

El Señor no les pide alcanzar un nivel espiritual más profundo, como ser santificados y recibir poder. Les dice que se aferren a lo que tienen en ese momento, su nivel actual de fe, para que puedan alcanzar la salvación (1 Corintios 3:1-2).

Ahora, no debemos mal interpretar que debemos mantenernos en el mismo nivel actual. Si nos volvemos perezosos y pensamos: "Está bien por ahora. Voy a descansar", sería como dejar de remar en un bote que va contra la corriente de un río.

Especialmente, debido a que estamos muy cerca de los tiempos finales, si tenemos un pensamiento perezoso, con ganas de mantener solo el nivel actual en nuestra vida de fe, debemos saber que esto se traducirá en un retroceso drástico.

## La promesa del Señor dada a la iglesia de Tiatira

El Señor les dio un consejo a los miembros de la Iglesia de Tiatira, quienes poseían fe como niños pequeños, y además les dio una promesa. Les dijo: "Al que venciere y guardare mis obras hasta el fin, yo le daré autoridad sobre las naciones" (v. 26).

Primero, 'al que venciere' se refiere al que venciere sobre la falsedad, la maldad, y las tinieblas al guardar y vivir la Palabra de Dios.

Luego, 'mis obras' se refiere a las obras del Señor. Guardar Sus obras significa que obedecemos la Palabra de Dios como Jesús lo hizo, y que engrandecemos el reino de Dios al salvar más salvas.

El Señor dijo: "Yo le daré autoridad sobre las naciones". Esto es gobernar sobre el enemigo diablo y Satanás, quien tiene la autoridad para gobernar las naciones de la Tierra.

Después de que Dios creó los Cielos y la Tierra y al primer hombre, Adán, Dios le dio la autoridad para gobernar todas las cosas en la Tierra (Génesis 1:28). Pero Adán fue tentado por Satanás a desobedecer a Dios, y la autoridad de él le fue entregada a Satanás.

Por supuesto, esta autoridad le fue entregada a Satanás solo por cierto tiempo; esto es por el tiempo del cultivo de la humanidad. Esto no puede ser aplicado a aquellas personas que creen en el Señor y se han convertido en hijos de Dios.

Jesús vino a este mundo, fue crucificado en la cruz y derramó toda Su sangre. Cuando Él resucitó en el tercer día de Su entierro, Jesús rompió la autoridad de la muerte, y nos salvó de la autoridad del diablo. Ya que las personas que aceptan a Jesucristo como su Salvador reciben el derecho de convertirse en hijos de Dios, son ungidos como Sus hijos y liberados del diablo (Juan 1:12).

Una vez que se convierten en hijos de Dios, dejan de ser amigos de las tinieblas que están bajo autoridad del enemigo diablo para vivir por medio de la Palabra de Dios en la verdad que pertenece a la luz. Esto es vencer y guardar las obras del Señor como acabo de explicar.

Pero el diablo, por todos los medios posibles, intenta impedirnos vivir en la verdad de modo que caigamos nuevamente en el mundo. El diablo siembra dudas en nosotros para que de esta manera no tengamos fe, y hace que amemos al mundo más que a Dios. Esto nos obstaculiza de muchas maneras.

No obstante, una vez que apartamos al diablo y vivimos por la Palabra, entonces podemos vencer al diablo cada vez más.

Y cuando vivamos la Palabra de manera más completa, se nos dará más poder y autoridad del Cielo. De esta manera podremos, con mayor facilidad, gobernar sobre el enemigo diablo y Satanás, el gobernante de este mundo. Una vez que vivamos por medio de la palabra de manera más completa, nos abstengamos de toda forma de mal y alcancemos la santificación, ninguna persona maligna podrá tocarnos (1 Juan 5:18).

## El tipo de caso por el cual Dios nos puede juzgar

Aquellos que sean derrotados en la batalla en contra del gobernador de las tinieblas, permanecerán viviendo bajo la autoridad del diablo. Especialmente si siguen los actos de los nicolaítas, Balaam o Jezabel, se convertirán en esclavos de Satanás y enfrentarán un juicio espantoso. Esto es lo que el Señor menciona en Apocalipsis 2:27.

En este verso el Señor dice: "Y las regirá con vara de hierro, y serán quebradas como vaso de alfarero; como yo también la he recibido de mi Padre".

En este caso 'una vara de hierro' se refiera a una barra de hierro. Si rompemos cerámica con una barra de hierro como esta, dicha cerámica se romperá en muchos pedazos. Por consiguiente: "las regirá con vara de hierro, y serán quebradas como vaso de alfarero", se refiere a la autoridad de Dios que juzga.

Originalmente, el primer hombre que Dios creó fue un espíritu viviente, un ser noble. Fue una criatura espiritual creada a la imagen de Dios. Sin embargo, su espíritu murió debido al pecado, y así llegó a ser un hombre carnal bajo el control del alma. Se convirtió en nada más que un vaso hecho de cerámica. Por consiguiente, 'quebradas como vaso de alfarero' significa quebrar a aquellos que no viven por la Palabra de Dios. Los que pertenecen a Satanás finalmente serán abandonados.

Tal como se registra en Juan 12:48 que dice: *"El que me rechaza, y no recibe mis palabras, tiene quien le juzgue; la palabra que he hablado, ella le juzgará en el día postrero"*, aquellos que no recibieron la Palabra de Dios serán juzgados de acuerdo a Su Palabra en el Día Final.

Pero las personas que pongan la Palabra de Dios en sus corazones, quienes venzan y guarden las obras del Señor, recibirán la autoridad de la luz la misma que quebranta la autoridad del enemigo diablo. Tal como menciona el Señor: "Yo también la he recibido (la autoridad) de Mi Padre" (Apocalipsis 2:26-27), nosotros recibiremos autoridad.

El Señor también les dice: "y le daré la estrella de la mañana". La estrella de la mañana es la estrella más brillante de todas, y hace referencia al Señor. En Apocalipsis 22:16 el Señor dice: *"Yo Jesús he enviado mi ángel para daros testimonio de estas cosas en las iglesias. Yo soy la raíz y el linaje de David, la estrella resplandeciente de la mañana"*.

Por consiguiente, entregarle la estrella de la mañana significa, tal y como Dios ama y reconoce al Señor, que Él nos reconocerá como hijos y amará a los que viven por la Palabra y derrotan a

Satanás.

Cuando creemos en el Señor, nos abstenemos de toda forma de maldad y de manera diligente vivimos por la Palabra del Señor, entonces nuestro carácter se asemejará al del Señor y nos convertiremos en hombres espirituales. Entonces llegaremos a ser santos y perfectos así como Jesucristo, el Hijo de Dios, y de esta manera seremos reconocidos como hijos de Dios.

Pero no importa cuántas veces profesemos que nosotros creemos en el Señor, si no vivimos por la Palabra de Dios y nos apartamos por completo del diablo, no se nos entregará la estrella de la mañana ni seremos reconocidos como hijos de Dios, por lo que eventualmente no seremos salvos.

## El Dios de amor quiere que todos reciban la salvación

Dios nos retribuye de acuerdo a lo que hemos hecho, de acuerdo a nuestra justicia. Pero en el caso de que sigamos una teoría errónea o una falsa ideología, sin saber que es el sistema de Satanás, Dios no pondrá ninguna carga sobre nosotros si es que nos damos cuenta y luego nos arrepentimos y cambiamos.

No obstante, si seguimos los caminos de Satanás conociendo esto, habrá una retribución a pesar de que nos arrepintamos por completo y cambiemos. No es cierto que los problemas con los pecados están totalmente solucionados solo por acercarse al Señor. Habrá retribuciones de acuerdo con lo que hemos hecho en el pasado. Por supuesto, esto es también el amor de Dios que nos hace más perfectos y nos da cosas aún mejores.

Por consiguiente, debemos correr nuestra carrera de la fe hasta que el Señor regrese y no perder la oportunidad de la salvación. Dios nos enseña con la verdad para salvar absolutamente a todas las almas. Está seriamente proclamando la verdad a aquellos que están yendo por el mal camino.

Especialmente, en el caso de las personas que creen en Dios pero son engañadas por Satanás y van por el camino de muerte, Él quiere abrir el camino de salvación con un corazón aún más ferviente.

Luego de que un bebé nazca, crecerá a medida que pase el tiempo. En la fe es similar, tenemos que seguir creciendo en el espíritu. El crecimiento espiritual no simplemente comprende las obras externas. Es abstenerse de la maldad del corazón y alcanzar la santificación.

Aunque seamos fieles haciendo lo mejor en lo externo, si no circuncidamos nuestro corazón, no tendremos una vida cristiana apropiada. Cuando un bebé crece, debe hacerlo tanto en el área mental como física. De igual manera, en nuestras vidas como cristianos, nuestra fe debe crecer tanto en las obras físicas externas y en la madurez espiritual interna.

La iglesia de Tiatira no tenía este crecimiento interior. Se quedaron en el nivel de un niño en la fe. Ellos no pudieron recibir la promesa de las recompensas en el reino de los cielos. Solo recibieron la promesa de la salvación.

Efesios 4:13 dice: *"Hasta que todos lleguemos a la unidad de la fe y del conocimiento del Hijo de Dios, a un varón perfecto, a la medida de la estatura de la plenitud de Cristo".*

Debemos continuamente crecer para llegar a ser iglesias y creyentes que estén dispuestos a agradar a Dios.

# Capítulo 5

# La iglesia de Sardis
## - Una iglesia pequeña que tiene nombre de que vive pero está muerta

La iglesia de Sardis fue reprendida por el Señor quien les dijo: "Tienes nombre de que vives, y estás muerto".

Ellos profesaron su fe en Dios y en el Señor, pero la iglesia que tuvieron solo fue fe muerta ya que no tuvieron obras de fe.

Sin embargo, algunos de los miembros intentaron mantener su fe.

Las palabras dadas a la iglesia de Sardis son en la actualidad las palabras para aquellas iglesias que deben cambiar su fe muerta por fe verdadera acompañada por las obras de fe, además es también dada a aquellos que están orando e intentando poner en práctica la Palabra de Dios.

"Escribe al ángel de la iglesia en Sardis: El que tiene los siete espíritus de Dios, y las siete estrellas, dice esto: Yo conozco tus obras, que tienes nombre de que vives, y estás muerto.

Sé vigilante, y afirma las otras cosas que están para morir; porque no he hallado tus obras perfectas delante de Dios. Acuérdate, pues, de lo que has recibido y oído; y guárdalo, y arrepiéntete. Pues si no velas, vendré sobre ti como ladrón, y no sabrás a qué hora vendré sobre ti.

Pero tienes unas pocas personas en Sardis que no han manchado sus vestiduras; y andarán conmigo en vestiduras blancas, porque son dignas. El que venciere será vestido de vestiduras blancas; y no borraré su nombre del libro de la vida, y confesaré su nombre delante de mi Padre, y delante de sus ángeles. El que tiene oído, oiga lo que el Espíritu dice a las iglesias".

# La carta del Señor a la iglesia de Sardis

"Escribe al ángel de la iglesia en Sardis El que tiene los siete espíritus de Dios, y las siete estrellas, dice esto:" (Apocalipsis 3:1).

La ciudad de Sardis era una ciudad rica, la cual obtuvo su prosperidad en la industria del teñido de telas. Estaba llena de extravagancia e inmoralidad y era un centro de adoración a los ídolos. En este tipo de ambiente, la iglesia de Sardis no tuvo una fe perfecta.

## El Señor tiene los siete espíritus de Dios

Se menciona del Señor que está escribiendo a la iglesia de Sardis: "El que tiene los siete espíritus de Dios, y las siete estrellas...".

Los 'siete espíritus' son el corazón de Dios que es espíritu, y el corazón de Dios está en la Biblia. Con información detallada, nos dice cómo agradar a Dios y cómo recibir respuestas de Su parte. Son los siete espíritus los cuales nos muestran el corazón de Dios y las condiciones para Sus respuestas.

El número 'siete' en este caso significa que los espíritus de Dios son siete en número. Espiritualmente el 'siete' significa 'completo y perfecto'. Tal como menciona Juan 4:24 que dice: *"Dios es Espíritu..."*, Dios en Sí mismo es Espíritu. Por lo tanto, representa el Espíritu de Dios que es perfecto. Dios en todo momento examina y supervisa la vida de cada ser humano mediante su corazón, por lo que Él envía los siete espíritus que son el corazón de Dios (Apocalipsis 5:6).

Los siete espíritus examinan el corazón y comportamiento de cada persona. De esta manera, de acuerdo a la justicia, Dios da respuestas y bendiciones a aquellos que son idóneos en el corazón de Dios. Para que sea más fácil de entender, podemos pensar en los siete Espíritus como una balanza con la que Dios pesa los contenidos que se van a medir para dar las respuestas. Cuando compramos ciertos artículos o productos, los hacemos pesar en una balanza y pagamos el precio de acuerdo al peso. De la misma manera, cuando queremos recibir respuestas, debemos satisfacer las condiciones para recibir las respuestas por la medida de los siete espíritus.

Entonces, ¿qué es lo que los siete espíritus miden para decir 'sí' o 'no' el momento de darnos respuestas? Los siete espíritus miden nuestro corazón, mente y comportamiento de manera precisa, sin ningún error, lo que se clasifica en siete áreas.

## Los siete espíritus y las siete estrellas

En primer lugar, los siete espíritus miden la fe.

Pero no pueden medir la fe carnal la cual es solo conocimiento, sino que miden la fe espiritual la cual debe ser acompañada con obras. La fe espiritual es en realidad la fe para creer sin dudar, aunque algo no esté de acuerdo con nuestros pensamientos y conocimiento. La fe espiritual es dada de parte de Dios. Con dicha fe podemos creer que algo fue creado de la nada. Es la fe que Dios nos da en la misma medida que nos liberamos del mal en nuestro corazón y alcanzamos la santificación.

En segundo lugar, los siete espíritus miden la oración.

Miden cuánto oramos en las maneras que son apropiadas en el corazón y voluntad de Dios. Para ser idóneo en la voluntad de Dios, debemos orar de manera regular y postrarnos delante de Dios y clamar con todo nuestro corazón, mente y fuerza. Además, Dios no examina nuestra apariencia externa o cómo lucimos, sino que examina lo más secreto del corazón. Por lo tanto, debemos orar con todo nuestro corazón y además no debemos pedir algo con nuestros propios deseos, sino orar con fe y amor siguiendo la voluntad de Dios.

La tercera medida de los siete espíritus es el 'gozo'.

El poseer gozo es una prueba de que tenemos fe. Esto se debe a que, si tenemos fe segura en Dios y creemos, recibiremos respuestas y así podremos regocijarnos en cualquier tipo de situación. Ya que el gozo espiritual proviene de la paz, si no levantamos un muro de pecado en contra de Dios sino que tenemos paz con Él, el gozo no se apartará de nuestros corazones.

En cuarto lugar, los siete espíritus miden la gratitud.

Si tenemos fe, podremos ser agradecidos en toda situación y bajo cualquier condición. Si solo somos agradecidos cuando todas las cosas marchan bien, pero nos resentimos y quejamos cuando pasamos por dificultades y las cosas no marchan bien, entonces no podremos pasar la medida de los siete espíritus con respecto a nuestra gratitud. Entonces nuestras respuestas tomarán más tiempo.

En quinto lugar, los siete espíritus miden si estamos guardando los mandamientos.

La Biblia tiene muchos mandamientos que nos dicen qué hacer, qué no hacer, qué debemos guardar y de qué debemos despojarnos. Entre estos se encuentran los Diez Mandamientos; un resumen de todos los mandamientos. Los siete espíritus miden si estamos guardando los Diez Mandamientos. 1 Juan 5:3 leemos: *"Pues este es el amor a Dios, que guardemos sus mandamientos; y sus mandamientos no son gravosos".* Por lo tanto, la evidencia de que amamos a Dios es guardar Sus mandamientos.

En sexto lugar, los siete espíritus miden la fidelidad.

No solo la fidelidad para el reino de Dios sino también fidelidad en cada aspecto de nuestras familias y lugares de trabajo. Por supuesto, si tenemos fe, nuestra primera prioridad será la obra de nuestro Señor. Sin embargo, no debemos ser negligentes con la obra en nuestras familias y lugares de trabajo. Debemos ser fieles en toda la casa de Dios.

Y lo más importante con respecto a la fidelidad es que debemos ser espiritualmente fieles, esto significa que debemos circuncidar nuestro corazón. Además podemos tener fidelidad perfecta y espiritual cuando alcanzamos el corazón de Dios y dedicamos nuestra vida, incluso al punto de estar dispuestos a sacrificar nuestra vida.

En séptimo lugar, los siete espíritus miden el amor.

El amor es como un lazo que conecta a los seis aspectos anteriores que son medidos. No importa cuánto oremos o trabajemos en el ministerio de Dios, será verdaderamente significativo sólo cuando lo hagamos con verdadero amor por Dios y para los hermanos y hermanas en la fe.

Los siete espíritus miden la fe, la oración, el gozo, la gratitud, el guardar los mandamientos, la fidelidad y el amor para decidir si se puede recibir una respuesta. No obstante, la medida que se necesita no es la misma para todos, sino que será medida de acuerdo a la justicia considerando la medida de la fe de cada uno.

Es decir, para aquellos que poseen una pequeña medida de fe, los estándares de medidas serán también menores. Pero para aquellos que han sido cristianos por un considerable período de tiempo y poseen una mayor medida de fe, los estándares también serán mayores.

El Señor que tiene los siete espíritus de Dios también posee las siete estrellas. En este caso las 'estrellas' se refieren a las personas. En Génesis 15:5, Dios le dice a Abraham: *"Y lo llevó fuera, y le dijo: Mira ahora los cielos, y cuenta las estrellas, si las puedes contar. Y le dijo: Así será tu descendencia"*. Dios compara los descendientes de Abraham con las estrellas.

Por consiguiente, las siete estrellas se refieren a los siervos de Dios que han sido escogidos por Él a través de todo el Antiguo y Nuevo Testamento. Están los siervos que Dios sostiene en Sus manos omnipotentes y los utiliza para Su reino. El Señor da a conocer el corazón y la voluntad de Dios el Padre por medio de los labios de ellos y manifiesta las obras del Dios viviente para que Sus hijos puedan ir por el camino de la verdad.

Por lo tanto, el Señor 'que tiene los siete espíritus, y las siete estrellas' significa que Él está examinando todas las cosas mediante los siete espíritus y está guiando a los hijos de Dios hacia el camino de la verdad a través de las siete estrellas.

## Las iglesias de la actualidad que son como la iglesia de Sardis

La iglesia de Sardis oyó la Palabra de Dios y la conocía en manera de conocimiento, pero no la llevaba a la práctica. Es decir, ellos tenían lo que se conoce como fe 'muerta'. Es por ello que el Señor los exhortó diciéndoles: "...tienes nombre de que vives, y estás muerto" (v.1). Ellos pensaron que eran salvos, pero desde el punto de vista del Señor, no tenían nada que ver con la salvación.

En la actualidad existe un número sorpresivo de iglesias y creyentes que tienen una fe muerta, como la iglesia de Sardis. Tienen el nombre de 'creyentes' pero no es fácil encontrar a aquellos que guardan el día de reposo, el Día del Señor, y dan los diezmos adecuados y completos. Estas son las acciones más básicas u obras de la vida de un cristiano.

Lo que es más lamentable es que no hay muchos pastores que enseñan a los creyentes a desechar los pecados y a vivir por la Palabra de Dios. Los pastores que dirigen el rebaño deben poseer primeramente fe verdadera y luego testificar del Dios viviente mediante las obras de poder y autoridad. Por cierto, no es la situación real que ocurre hoy en día, ya que muchos pastores enseñan solo con conocimientos teológicos. Ellos enseñan las teorías aprendidas e ideologías. Esto no es muy diferente a un hombre ciego guiando a otro hombre ciego, como vemos en Mateo 15:14.

En Mateo 23:26 encontramos que Jesús le dijo a los fariseos, quienes no practicaron la Palabra de Dios, sino que solo tuvieron palabras en sus labios. Dice así: *"¡Fariseo ciego! Limpia primero lo de dentro del vaso y del plato, para que también lo de fuera sea limpio"*. Y en Mateo 23:3, Él le dice a los discípulos: *"Así que, todo lo que os digan que guardéis, guardadlo y hacedlo; mas no hagáis conforme a sus obras, porque dicen, y no hacen"*.

El poder de la oración o las asombrosas obras de Dios no pueden suceder a través de este tipo de pastores. Incluso el fuego del Espíritu Santo de la iglesia puede extinguirse y las almas no tendrán diferencia de aquellas que están muertas. Tendrán algunos miembros pero solo será una iglesia de nombre y lejos del avivamiento.

Mateo 7:21 dice: *"No todo el que me dice: Señor, Señor, entrará en el reino de los cielos, sino el que hace la voluntad de mi Padre que está en los cielos".*

Supongamos que una persona ha trabajado por el reino de Dios y Su justicia y ha dedicado su vida hasta cierto punto en este mundo. Pero cuando esté en el día del juicio, Dios le dirá: "Yo no te conozco; aléjate de Mí, tú que has practicado la injusticia"; ¡cuán trágico será esto!

Aunque parezca que uno lleva una vida fiel como cristiano y haya trabajado voluntariamente para la obra de Dios, si lo más profundo de su corazón no ha sido cambiado, no podemos decir que esté viviendo una vida cristiana.

Para poseer una fe viva, es decir una fe verdadera, sobre todas las cosas debemos circuncidar nuestro corazón. Circuncidar nuestro corazón es quitar el prepucio de nuestro corazón tal como lo menciona Jeremías 4:4, que dice: *"Circuncidaos a Jehová, y quitad el prepucio de vuestro corazón, varones de Judá y moradores de Jerusalén; no sea que mi ira salga como fuego, y se encienda y no haya quien la apague, por la maldad de vuestras obras".*

Quitar el prepucio del corazón significa abstenerse de toda maldad, injusticia y falsedad; no hacer lo que la Palabra de Dios nos dice que no hagamos y abstenernos de ciertas cosas, y poner en práctica la verdad que la Palabra de Dios nos dice que hagamos y guardemos.

De este modo, en la medida en que practicamos la Palabra de Dios y llegamos a ser santificados, se nos dará la fe verdadera que puede ser reconocida por Él. Por consiguiente, reflexionemos sobre nosotros mismos a través del mensaje dado a la iglesia de Sardis y luego tengamos fe espiritual y verdadera, y no una fe muerta.

# La reprensión del Señor a la iglesia de Sardis

"Escribe al ángel de la iglesia en Sardis: 'El que tiene los siete espíritus de Dios, y las siete estrellas, dice esto: Yo conozco tus obras, que tienes nombre de que vives, y estás muerto. Sé vigilante, y afirma las otras cosas que están para morir; porque no he hallado tus obras perfectas delante de Dios. Acuérdate, pues, de lo que has recibido y oído; y guárdalo, y arrepiéntete. Pues si no velas, vendré sobre ti como ladrón, y no sabrás a qué hora vendré sobre ti'" (Apocalipsis 3:1-3).

No podemos esconderle nada a Dios quien mide mediante los siete espíritus y examina con Sus ojos resplandecientes. Del mismo modo que el Señor le dijo a la iglesia de Sardis: "Yo conozco tus obras", Dios examina no solo nuestras obras sino también las cosas mínimas en lo profundo de nuestros corazones.

Las flores que son cortadas y colocadas en un arreglo floral parecen estar vivas, pero en realidad están muertas ya que han sido separadas de su raíz. Del mismo modo, la fe de los miembros de la iglesia en Sardis parecía estar viva, pero cuando fue medida por los estándares precisos del Señor, fueron iguales a personas muertas.

## La iglesia de Sardis que tiene nombre de que está viva, pero está muerta

Ahora, ¿qué significa exactamente la expresión: "Yo conozco tus obras, que tienes nombre de que vives, y estás muerto?" (v.1). Para hacerlo breve, la fe de la iglesia de Sardis es "fe muerta sin obras".

Desde que Adán cometió pecado, el espíritu de todos sus descendientes, al igual que su espíritu, murió. No obstante, aquellos que hayan aceptado al Señor como su Salvador y hayan recibido el Espíritu Santo, su espíritu puede revivir. Una vez que el espíritu está vivo, cuando dicha persona enfrenta la muerte física, la Biblia no dice que esta persona está 'muerta' sino que 'duerme' (Mateo 9:24). Es porque cuando el Señor regrese en el aire, él resucitará y disfrutará de la vida eterna.

Sin embargo, a la iglesia en Sardis se le dijo que estaba 'muerta';

esto significa que ellos no serían salvos. Aunque ellos dijeron que tenían fe, esta estaba muerta, y con 'fe muerta' no podían recibir la salvación.

Santiago 2:14 dice: *"Hermanos míos, ¿de qué aprovechará si alguno dice que tiene fe, y no tiene obras? ¿Podrá la fe salvarle?"* Y el verso 17 dice: *"Así también la fe, si no tiene obras, es muerta en sí misma".*

En Eclesiastés 12:14 leemos: *"Porque Dios traerá toda obra a juicio, juntamente con toda cosa encubierta, sea buena o sea mala".* Y 2 Corintios 5:10 dice: *"Porque es necesario que todos nosotros comparezcamos ante el tribunal de Cristo, para que cada uno reciba según lo que haya hecho mientras estaba en el cuerpo, sea bueno o sea malo".*

Puesto que los que creen en Dios y el Señor también creen que habrá juicio del bien y del mal, viven por la Palabra de Dios. No obstante, aquellos que no creen no pueden vivir por la Palabra. Debemos saber que hay una clara distinción entre conocer a Dios y creer en Él.

### La diferencia entre conocer y creer

Santiago 2:19 dice: *"Tú crees que Dios es uno; bien haces. También los demonios creen, y tiemblan".* "También los demonios creen, y tiemblan", significa que incluso los demonios saben quién es Dios y quién es Jesucristo y tiemblan frente a dicha autoridad.

Además podemos encontrar en varias partes de la Biblia donde los demonios reconocieron a Jesús y clamaron. En Lucas 8:27-28, cuando Jesús se encontró con un hombre que estaba poseído con demonios, él clamó a gran voz y cayó delante de Él y dijo: "Jesús, Hijo del Dios Altísimo".

Ahora, ¿podemos decir que los demonios también creen en Jesús solo porque ellos reconocieron al Hijo de Dios y lo confesaron como el Salvador? ¡Por supuesto que no! Aunque los demonios reconocieron a Jesús, ellos no vivieron por Su palabra ni con bondad. Esto no es creer en Él sino simplemente saber de Él, y 'saber' no trae la salvación.

De igual modo, no importa cuánto conozcamos de la Biblia, mientras no vivamos por lo que sabemos, no podemos decir que verdaderamente 'creemos'. La fe verdadera es sin duda acompañada con obras. Si nosotros conocemos la Palabra pero no tenemos obras, nuestro pecado será mayor al de aquellos que no viven mediante la Palabra ya que no la conocen (Lucas 12:47-48).

No obstante, aquellos que no ponen la Palabra de Dios en práctica hoy son cada vez más. Algunos creyentes parecen llevar vidas de creyentes solo en lo externo, pero sus vidas no son diferentes a las de las personas del mundo.

Por ejemplo: van a la iglesia y adoran a Dios el día domingo. Pero en sus vidas reales se enfadan con los demás y utilizan malos nombres. Simplemente hacen lo que quieren al igual que las persona de este mundo. Tal como menciona Santiago 2:20, que dice: *"¿Mas quieres saber, hombre vano, que la fe sin obras es muerta?"*, la fe de ellos se vuelve inútil.

Aunque estoy poniendo énfasis en la fe con obras, no estoy diciendo que solo las obras son los estándares para medir la fe. En 'las obras de la fe', las obras significan las obras de lo profundo del corazón.

Si alguien posee fe verdadera, seguramente cultivará su corazón con la Palabra de Dios. Las obras deberían provenir de este tipo de cultivo del corazón verdadero.

## Verdaderas obras de fe

Por consiguiente, no son solo las obras en sí las que son importantes. Lo que es importante es el corazón que está comprendido en la obra. Una vez que el corazón se ha cultivado a lo espiritual, la obra continúa naturalmente. Aquellas personas que tienen una fe muerta ni siquiera intentarán cultivar sus corazones a lo espiritual. Por lo tanto, no ponen la Palabra en práctica, y aunque sí lo hicieran, sus obras solo llegan a ser externas; se vuelven obras de hipocresía.

Pueden mostrar obras para que sean vistas por los demás.

Las personas que aparentemente fingen, actúan o hacen cosas de acuerdo con lo que conocen como ciencia. El Señor dijo en Mateo 6:1: *"Guardaos de hacer vuestra justicia delante de los hombres, para ser vistos de ellos; de otra manera no tendréis recompensa de vuestro Padre que está en los cielos"*. Existen las obras que las personas realizan para que los demás las puedan ver.

Además, en Isaías 29:13 leemos: *"Dice, pues, el Señor: Porque este pueblo se acerca a mí con su boca, y con sus labios me honra, pero su corazón está lejos de mí, y su temor de mí no es más que un mandamiento de hombres que les ha sido enseñado"*. Ellos pueden decir que aman a Dios con sus labios, pueden cantar alabanzas con sus labios, pero sin amor y respeto no sirve de nada.

Por ejemplo, si verdaderamente amamos a nuestros padres, algunas acciones de respeto saldrán de nuestros corazones. Aunque quizás no seamos muy ricos, nos esforzaremos al máximo por servir a nuestros padres con nuestras obras verdaderas.

Por el contrario, puede haber algunos hijos con muchas riquezas, pero con desgana muestran algunas acciones de respeto porque simplemente deben hacerlo. Lo hacen con un sentido de responsabilidad o con una segunda intención o propósito. Tal vez es un deseo por el dinero de la herencia de sus padres. Esto no puede ser un verdadero acto de respeto. Si los padres conocen las intensiones de sus hijos, sus corazones se romperán.

Entonces, ¿qué hay de Dios, quién puede escudriñar lo más profundo del corazón de cada persona? Dios siempre examina el corazón de un hombre junto con sus obras. Por consiguiente, cuando decimos que amamos a Dios y que creemos en Él, debemos mostrar nuestro amor y fe junto con nuestras obras que muestran nuestro corazón.

## Las obras incompletas de la iglesia de Sardis

Luego de que el Señor los reprendió, les dijo: "Sé vigilante, y afirma las otras cosas que están para morir..." (v. 2a.). Esto quiere decir que tenían que darse cuenta que la fe muerta de ellos no podía salvarlos, y que a partir de ese momento deberían vivir en la verdad.

Entonces, continuó diciendo: "...porque no he hallado tus obras perfectas delante de Dios" (v. 2b.). Esto significa que cayeron a las cosas de este mundo y llevaron vidas similares a las personas mundanas. En otras palabras, tuvieron que recuperar las obras perfectas y completas.

La respuesta a qué hacer para recuperar obras completas también les fue dada. Él les dijo: *"Acuérdate, pues, de lo que has recibido y oído; y guárdalo, y arrepiéntete..."* (v. 3). Filipenses 4:9 dice: *"Lo que aprendisteis y recibisteis y oísteis y visteis en mí, esto haced; y el Dios de paz estará con vosotros".* Tal como menciona este verso, si ponemos en práctica lo que hemos aprendido, escuchado y visto el Dios de paz siempre estará con nosotros. No obstante, si no lo hacemos, tal como lo dijo el Señor, 'guárdalo, y arrepiéntete', debemos arrepentirnos, cambiar y vivir mediante la Palabra desde ahora en adelante.

'Arrepiéntete' no simplemente significa decir: "Lo siento. No volverá a suceder". Sino que debemos completamente apartarnos de nuestro mal proceder e ir por el camino correcto. Si verdaderamente nos hemos arrepentido, entonces guardaremos la Palabra con firmeza, sin vacilar.

Cuando nos arrepentimos, debemos pensar en cómo conocimos a Dios en primer lugar. Deberíamos pensar acerca de cómo llegamos a creer en Jesucristo, y cuán fervientes éramos cuando recibimos el Espíritu Santo. Debemos recordar cuando nos encontrábamos en la etapa del primer amor; hemos recibido abundante gracia y fuimos llenos del primer amor. ¿Hemos valorado nuestro primer amor y lo hemos guardado?

Muchas personas no guardan su primer corazón y obras, sino que regresan al mundo. Aunque digan que creen, viven vidas que no pueden diferenciarse de las del resto del mundo. Debemos arrepentirnos de todas las cosas, recuperar la primera llenura y fervor, y vivir por la Palabra de Dios.

## Las consecuencias para aquellos que no se arrepienten

El Señor dijo: "...Pues si no velas, vendré sobre ti como ladrón, y no sabrás a qué hora vendré sobre ti" (v. 3). Él está hablando acerca de las consecuencias que enfrentarán las personas que no se arrepienten.

Si nosotros enfrentamos la Segunda Venida del Señor sin siquiera habernos apartado del pecado, será muy tarde. Un ladrón entra a un lugar donde no existen medidas de antirrobo. De igual manera, para aquellas personas que no se encuentran listas para recibir al Señor, Su Segunda Venida será como la de un ladrón.

1 Tesalonicenses 5:4-5 dice: *"Mas vosotros, hermanos, no estáis en tinieblas, para que aquel día os sorprenda como ladrón. Porque todos vosotros sois hijos de luz e hijos del día; no somos de la noche ni de las tinieblas"*. Estos versos dicen que el Señor no vendrá como ladrón para aquellos que viven en la luz y que no están en las tinieblas.

Por supuesto, tal como el Señor mencionó en Mateo 24:36, cuando dijo: *"Pero del día y la hora nadie sabe, ni aun los ángeles de los cielos, sino sólo mi Padre"*, solo Dios el Padre conoce el día y la hora cuando el Señor regresará.

No obstante, la Biblia nos dice aproximadamente cuando el Señor regresará otra vez. Esto es similar a que nadie sabe exactamente el día y la hora cuando una mujer embarazada dará a luz a su bebé, pero sí se puede suponer que podrá ser dentro de más o menos un mes.

El Señor ya nos ha dicho acerca de las señales del final de los tiempos en Mateo 24. Por ello debemos estar atentos y alertas para prepararnos para la Segunda Venida del Señor mediante la oración (1 Pedro 4:7).

**La Palabra de Dios es la norma de la medida de la fe**

1 Pedro 1:23 nos dice: *"Siendo renacidos, no de simiente corruptible, sino de incorruptible, por la palabra de Dios que vive y permanece para siempre"*.

Tan solo recibir la simiente incorruptible, que es la Palabra de Dios, no es el final. Solo cuando nos preocupamos de la semilla de la Palabra en nuestros corazones para que esta produzca abundante fruto, podremos en realidad llegar a ser personas nacidas de nuevo dignas de tener 'nombre de que vives'.

El simple hecho de escuchar la Palabra de Dios, y organizarla como simple conocimiento no puede llamarse fe verdadera. Cuando nos aferramos a la Palabra que escuchamos, oramos por ella y la ponemos en práctica, la Palabra brota y en gran medida da su fruto cien, sesenta o treinta veces más.

Aunque alguien haya recibido una posición en la iglesia e

incluso parezca tener fe, puede ser que tenga una fe muerta. En apariencia externa, Judas Iscariote estaba en una posición digna de ser reconocida como un discípulo del Señor, pero él abandonó la gracia que había recibido y finalmente vio la muerte a causa de su terrible pecado al traicionar a Jesús.

En cierto momento también el rey Saúl fue reconocido por Dios y ungido como rey de Israel. Sin embargo, se volvió una persona arrogante al punto de ponerse en contra de la voluntad de Dios, y él también fue por el camino de la muerte.

Por consiguiente, las normas o estándares de fe no dependen de la apariencia externa o la posición que se ocupe, sino que el único estándar a seguir es la Palabra de Dios. Si alguien enseña o hace algo que quebranta la Palabra de Dios, aunque este sea un líder en la iglesia o incluso el pastor, no debemos escucharlo. Lo más importante no es si se encuentra en la posición de enseñar, sino si esta persona está practicando la Palabra.

Cualquiera que guarde algunos de estos pequeños mandamientos y enseña a los demás a hacer lo mismo, será llamado grande en el reino de los cielos, y además tendrá autoridad sobre las palabras para hacer cambiar a muchas personas sobre la Tierra.

~

# El consejo y la promesa del Señor dada a unos pocos creyentes en Sardis

"Pero tienes unas pocas personas en Sardis que no han manchado sus vestiduras; y andarán conmigo en vestiduras blancas, porque son dignas. El que venciere será vestido de vestiduras blancas; y no borraré su nombre del libro de la vida, y confesaré su nombre delante de mi Padre, y delante de sus ángeles. El que tiene oído, oiga lo que el Espíritu dice a las iglesias" (Apocalipsis 3:4-6).

La iglesia de Sardis dijo que creía en Dios pero no vivía mediante la Palabra. Por lo tanto, escucharon represiones severas que indicaban que ellos tenían nombre de que estaban vivos, pero en realidad estaban muertos. No obstante, el Señor mencionó que había unos pocos que no habían manchado sus vestiduras y que eran dignos.

Ya que el Señor dijo: 'unas pocas personas', Su palabra se aplica a un pequeño número de los miembros de la iglesia de Sardis, por lo que no fue un elogio para toda la iglesia.

## Pocas personas en Sardis que no han manchado sus vestiduras

En este caso 'vestiduras' simboliza el corazón de un hombre. En consecuencia 'no han manchado sus vestiduras' significa que no causan que sus corazones sean impuros. En otras palabras, ellos vivieron por la palabra con fe en la verdad por lo que sus corazones no fueron manchados por el mundo pecaminoso y malvado.

También significa la limpieza del corazón, el cual estaba manchando antes de conocer la verdad, al pelear en contra del pecado al punto de sudar sangre. Implica además no manchar el corazón que una vez fue limpio con las falsedades y nuevamente pecar. Por consiguiente, esto se aplica a aquellos que intentan estar alertas, orar y guardar la fe verdadera.

La iglesia en Sardis se encontraba en una situación donde un hombre ciego guiaba a otro hombre ciego; de modo que ambos están a punto de caer en un hoyo. Sin embargo, hubo algunos miembros que escucharon su buena conciencia y trataron de alcanzar lo que Dios quería. A tales personas el Señor les dijo: "...y andarán conmigo en vestiduras blancas, porque son dignas" (v. 4).

Por supuesto, decir que son dignas, no significa que ellos alcanzaron la santificación completa. Al considerar la fe de toda la iglesia en Sardis, hubo algunos que oraron e intentaron guardar una fe verdadera, y esto fue digno a los ojos del Señor.

La mayoría de los miembros tuvieron una fe muerta en la iglesia de Sardis. Pero hubo algunos que guardaron su fe y vivieron mediante la Palabra, y fueron reconocidos como personas dignas para el Señor. Por lo tanto, podemos ver la fe de ellos como una fe buena. No fue fácil mantener la fe en la ciudad de Sardis, especialmente estando entre la congregación que tenía amistad con el mundo y estaba manchada con el pecado. Sin embargo, mantuvieron su fe, y a la verdad esto fue de gran bendición.

Como un ejemplo, existen algunos que son perseguidos por sus familiares por ser cristianos. Posiblemente usted sienta por un momento que la vida es difícil, pero por medio de la persecución será mayormente despertado y orará. Además, aprenderá a soportar. Y mientras ore fervientemente por sus familiares, el amor espiritual en ellos crecerá. Una vez que ellos posean amor espiritual, estarán agradecidos ante cualquier situación, y considerarán a los miembros de la familia como almas preciosas que Dios les ha confiado.

Al mismo tiempo, ya que es la persecución por causa del nombre del Señor, su recompensa será almacenada en el Cielo, y la fe echará raíces mucho más fuertes ya que mantuvo la fe en tales situaciones difíciles. Dios refina a todos de maneras diferentes de acuerdo a la tierra del corazón de cada uno y a su vaso. Mediante el refinamiento, Dios nos guía para llenar lo que nos falta y hacer que nuestras almas prosperen.

Del mismo modo, con el fin de mantener la fe de algunos miembros de la iglesia de Sardis que no ensuciaron sus vestiduras, deben haber orado con mucho más fervor que otros. Como resultado, pudieron ser reconocidos como dignos por el Señor.

## Pocos creyentes caminaron con el Señor en vestiduras blancas

Unos pocos que fueron reconocidos como 'dignos' por el Señor en la iglesia de Sardis pudieron recibir la bendición de ser capaces de "caminar con el Señor en sus vestiduras blancas".

Pero en este caso debemos estar alertas de que 'estar con el Señor' y 'caminar con el Señor' son cosas diferentes. No importa a qué morada celestial vayamos, es posible que estemos con el Señor porque Él puede ir a cualquier lugar en el Cielo. Aunque estemos en el Paraíso, el Señor vendrá donde estemos y pasará algo de tiempo con nosotros. Pero ya que aquellos que están en el Paraíso han recibido salvación vergonzosa (poco honrosa), se sentirán avergonzados de encontrarse con el Señor cara a cara o caminar con Él.

No obstante, caminar con el Señor tiene mayor significado que estar con Él. Solo aquellos en el Tercer reino de los cielos y, especialmente, aquellos en la Nueva Jerusalén, pueden caminar con el Señor en un sentido verdadero.

Caminar con el Señor significa estar con Él en cualquier lado, en cualquier momento, y para caminar con el Señor en el reino de los cielos debemos poseer las calificaciones adecuadas. El Señor ciertamente está con los hijos de Dios que viven en la verdad. Pero Él caminará con los que aman a Dios con todo su corazón, se abstienen de toda forma de maldad y se santifican. Si el Señor está caminando con alguien, entonces Su garantía, autoridad y poder se mostrará con él como evidencia clara.

## Significado de la vestidura blanca

El Señor aconseja y promete a pocos creyentes en la iglesia de Sardis, y dice: "El que venciere será vestido de vestiduras blancas..." (v. 5).

En este caso, 'venciere' se refiere a 'guardar la fe y vivir en la verdad'. Las 'vestiduras blancas' se refieren a la vestidura que se colocan todas las almas que son salvas; símbolo de la salvación. Incluso aquellos que no sean arrebatados en la Segunda Venida del Señor y caigan en los siete años de la Gran Tribulación y reciban salvación, también vestirán vestiduras blancas.

En este caso las vestiduras blancas no son simplemente un símbolo de salvación, sino que es la vestidura blanca de acuerdo al nivel en el cual uno se ha santificado. Mientras más alto sea el nivel de santificación que una persona alcance, más blancas serán las vestiduras que vestirá. De esta manera, en el reino de los cielos, con el simple hecho de ver las vestiduras de alguien, podremos ver cuánta santidad una persona ha alcanzado en este mundo.

También reconoceremos, a través de los adornos, cuántas recompensas una persona ha acumulado cuando estuvo en la Tierra. Esto se debe a que Dios, quien paga de acuerdo con lo que se hace, da hermosos adornos conforme a sus obras en la Tierra.

## La bendición de que el nombre de alguien no sea borrado del libro de la vida

El Señor dijo, además de recibir las vestiduras blancas, el nombre de aquel que vence no será borrado del Libro de la Vida (v. 5).

Aunque parezca que un hombre está respirando, no significa que en verdad está vivo. El hombre puede tener vida verdadera solo cuando su espíritu, que solía estar muerto por causa del pecado de Adán, vuelve a vivir. En el caso de aquellos que no aceptan al Señor y viven en las tinieblas, su espíritu está muerto, por tanto, cuando mueren, van al Infierno, es decir, a la muerte eterna.

Por otro lado, cuando se acepta al Señor Jesucristo y se recibe el Espíritu Santo, el espíritu muerto vuelve a vivir y se obtiene la vida eterna, además el nombre se escribe en el Libro de la Vida en el Cielo. Es por eso que Apocalipsis 20:15 dice: *"Y el que no se halló inscrito en el libro de la vida fue lanzado al lago de fuego"*. Solo aquellos cuyo nombre está escrito en el Libro de la Vida podrán ser salvos.

No obstante, el hecho de que nuestro nombre esté actualmente escrito en el Libro de la Vida, no garantiza nuestra salvación. Podremos alcanzar la salvación únicamente si nuestro nombre está escrito en el Libro cuando Dios el Juez lo abra durante el Juicio del Gran Trono Blanco. Él dice: "No borraré su nombre del libro de la vida". Si pensamos en esto de manera inversa, significa que el nombre registrado en el Libro de la Vida sí puede ser borrado.

Muchos creyentes en la actualidad piensan que una vez que se ha escrito el nombre en el Libro, este es permanente y pueden ir al Cielo, incluso si viven según su parecer. Pero la realidad no es esa en absoluto. Desde el momento que se escribe el nombre en el Libro de la Vida, damos un paso en el camino para ganar la vida eterna. Pero si nos salimos del camino de la vida eterna en el Cielo, el Espíritu Santo puede ser saciado (1 Tesalonicenses 5:19), y nuestro nombre será borrado del Libro (Éxodo 32:33).

En 1 Corintios 15:2 dice también: *"por el cual asimismo, si retenéis la palabra que os he predicado, sois salvos, si no creísteis en vano"*. 'Creer en vano' significa 'fe carnal'. Es la fe muerta sin las obras de la verdad. Aunque hayamos asistido a la iglesia por un largo tiempo y tengamos un profundo conocimiento de la Biblia, mientras no vivamos de acuerdo a la Palabra de Dios sino de la misma manera que vive la gente del mundo, tendremos una 'fe muerta'.

La Biblia menciona también que si cometemos obras de la carne que son evidentes, incluyendo la inmoralidad, impureza, sensualidad e idolatría, no podemos heredar el reino celestial (Gálatas 5:19-21).

La Biblia nos habla también acerca de los 'pecados que conducen a la muerte.

Estos son los pecados de 'blasfemia contra el Espíritu Santo', 'hablar en contra del Espíritu Santo' (Mateo 12:31-32), 'apartarse incluso después de haber participado del Espíritu Santo y crucificar nuevamente al Señor exponiéndolo a vituperio' (Hebreos 6:6) y 'pecar voluntariamente después de recibir el conocimiento de la verdad' (Hebreos 10:26).

La Biblia registra cómo podemos obtener salvación, pero al mismo tiempo registra con detalle cómo podemos caer en la muerte. La salvación no se decide en cierto momento dado del tiempo; debemos comprender que es un proceso continuo hasta el regreso del Señor.

Aunque estemos dentro de los límites de la salvación, quizás salgamos de esos límites por voluntad propia. Por el contrario, aunque estemos fuera de los límites de salvación, podemos regresar y entrar en cierto momento.

## La bendición de que nuestro nombre se confiese delante de Dios y de Sus ángeles

Pocos miembros de la iglesia de Sardis recibieron la promesa de parte del Señor diciendo: "...y confesaré su nombre delante de mi Padre, y delante de sus ángeles" (v. 5). Durante del Juicio del Gran Trono Blanco, cuando estemos frente a Dios el Juez, tendremos que recibir el reconocimiento del Señor que diga: "Este es un hijo de Dios".

Aquel reconocimiento del Señor debe tener el reconocimiento de los ángeles también. Hay ángeles que examinan nuestras obras y corazón, e incluso nuestra mente, y reportan y registran todo (Mateo 18:10). Además llevan nuestras oraciones al altar de oro (Apocalipsis 8:3-4).

Claro está que hay ángeles enviados por Dios para proteger a Sus hijos, pero también hay ángeles que examinan a cada persona. Los reportes de parte de estos ángeles se usarán como pruebas y evidencias durante el Juicio del Gran Trono Blanco.

Quizás los ángeles en sí no salgan y testifiquen y nos reconozcan el Día del Juicio, pero en base a los reportes precisos hechos por ellos, quizás seamos reconocidos para que vivamos la vida digna de los hijos de Dios porque los ángeles son los que nos observan a la distancia más cercana, y su reconocimiento es necesario.

## El Señor desea que la iglesia de Sardis cambie

El Señor concluye Su Palabra diciendo: "El que tiene oído, oiga lo que el Espíritu dice a las iglesias", tal como se ha dicho a las demás iglesias (v. 6). El Señor está apelando a la iglesia de Sardis una vez más, junto con Su corazón sincero y lleno de anhelo de que pongan en práctica lo que han escuchado y que cambien.

La iglesia de Sardis tenía una fe muerta. Si no se arrepentían y cambiaban, no iban a alcanzar la salvación. Pero ya que habían escuchado y aprendido la verdad, la conocían únicamente como ciencia. Ahora era tiempo de cambiar su fe como conocimiento en una fe viva acompañada de obras.

Además, aunque hubiesen tenido fe para recibir salvación, debían aferrarse al Señor y seguir adelante hasta Su regreso. Solo entonces obtendrían las vestiduras blancas, el símbolo de la salvación, y recibirían la gloria y la recompensa en el Cielo de acuerdo a sus obras en este mundo.

No obstante, muchas iglesias de hoy no se dan cuenta de esto; no se levantan de su adormecimiento espiritual y tienen una fe muerta. Lo peor es que no tienen un pastor que les enseñe la verdad, así que son como ciegos que están guiados por otro ciego.

Dios desea que todos los que tienen oído, escuchen Su Palabra y alcancen salvación. Él también quiere que aquellos que aman al Padre Dios en verdad, busquen al Señor y anhelen ir en pos de la verdad. Él desea que sean bien guiados para que alcancen la mejor morada en el Cielo.

Por consiguiente, debemos comprender cuán bendecido es tener fe verdadera y llegar a ser novias perfectas del Señor sin mancha, de modo que podamos caminar siempre con el Señor en el Cielo.

# Capítulo 6

# La iglesia de Filadelfia
## - Recibió solo elogios por actuar con fe

La iglesia de Filadelfia fue la única iglesia entre las siete que recibió solo elogios y, a pesar de que tenían poca fuerza, no fueron manchados por el mundo y mantuvieron su fe. Debido a esto, recibieron la llave de David la cual puede abrir las puertas de las bendiciones. Ellos recibieron las evidencias del amor de Dios y las bendiciones de la promesa de que se convertiría en pilar de la Nueva Jerusalén.

La palabra dada a la iglesia de Filadelfia es para las iglesias y los miembros que se esfuerzan por mantener la Palabra de Dios, a pesar de poseer poca fe, y manifiestan señales, prodigios y obras poderosas.

"Escribe al ángel de la iglesia en Filadelfia: Esto dice
el Santo, el Verdadero, el que tiene la llave de David,
el que abre y ninguno cierra, y cierra y ninguno abre:
Yo conozco tus obras; he aquí, he puesto delante de ti
una puerta abierta, la cual nadie puede cerrar; porque
aunque tienes poca fuerza, has guardado mi palabra,
y no has negado mi nombre. He aquí, yo entrego de
la sinagoga de Satanás a los que se dicen ser judíos
y no lo son, sino que mienten; he aquí, yo haré que
vengan y se postren a tus pies, y reconozcan que yo
te he amado. Por cuanto has guardado la palabra de
mi paciencia, yo también te guardaré de la hora de la
prueba que ha de venir sobre el mundo entero, para
probar a los que moran sobre la tierra.

He aquí, yo vengo pronto; retén lo que tienes, para
que ninguno tome tu corona. Al que venciere, yo lo
haré columna en el templo de mi Dios, y nunca más
saldrá de allí; y escribiré sobre él el nombre de mi
Dios, y el nombre de la ciudad de mi Dios, la nueva
Jerusalén, la cual desciende del cielo, de mi Dios, y
mi nombre nuevo. El que tiene oído, oiga lo que el
Espíritu dice a las iglesias".

## La carta del Señor a la iglesia de Filadelfia

"Escribe al ángel de la iglesia en Filadelfia: Esto dice el Santo, el Verdadero, el que tiene la llave de David, el que abre y ninguno cierra, y cierra y ninguno abre" (Apocalipsis 3:7).

Cuando los apóstoles estuvieron trabajando en Filadelfia, esta era una ciudad pequeña con aproximadamente mil habitantes. Con frecuencia ocurrían terremotos, por lo que la mayoría de la población eran agricultores. Ellos disfrutaban de beber vino y bailar mientras adoraban a Dionisio; en la mitología griega era el dios del vino. Filadelfia era también una ciudad de entrada la cual conectaba a Sardis, Pérgamo, Troya y Roma.

La iglesia de Filadelfia fue la única iglesia entre las siete que recibió solo elogios de parte del Señor, y sirve de buen ejemplo a muchas iglesias en la actualidad.

## El Señor es Santo y Verdadero

El Señor que le habla a la iglesia de Filadelfia es 'Santo y Verdadero'. En este caso, 'Santo' significa que está sobre todos los hombres, sin manchas por el pecado, y que le da solo la gloria a Dios ya que Él vivió solo mediante la Palabra de Dios sin tener manchas o defectos.

Originalmente, el término 'Santo' no podría ser utilizado para ningún ser humano. Solo Dios es Santo y Verdadero. No obstante, si una persona recupera la imagen de Dios la cual ha perdido debido al pecado y si llega a asemejarse a Dios y alcanzar la santidad de Dios, entonces el término 'santo' puede utilizarse para expresarlo. Las bases de esto se encuentran en 1 Pedro 1:16.

En Juan 10:34-36 Jesús respondió: *"¿No está escrito en vuestra ley: Yo dije, dioses sois? Si llamó dioses a aquellos a quienes vino la palabra de Dios (y la Escritura no puede ser quebrantada), ¿al que el Padre santificó y envió al mundo, vosotros decís: Tú blasfemas, porque dije: Hijo de Dios soy?"*

En este contexto, 'a quienes vino la palabra de Dios' se refiere a aquellos que guardaron la palabra de verdad y vivieron por la Palabra. Esto significa que Dios los consideró como dioses.

Ahora, esto no significa que ellos verdaderamente se encuentran al nivel de Dios solo porque Él los consideró como dioses. Esto significa que Dios los consideró como completos hijos Suyos. Él los considera como aquellos que son los hombres de espíritu y hombres de la verdad.

Es por esta razón que nuestro Señor dijo en Mateo 5:48: *"Sed, pues, vosotros perfectos, como vuestro Padre que está en los cielos es perfecto"*. Además, en Juan 17:17-19 leemos: *"Santifícalos en tu verdad; tu palabra es verdad. Como tú me enviaste al mundo, así yo los he enviado al mundo. Y por ellos yo me santifico a mí mismo, para que también ellos sean santificados en la verdad"*. Como acabamos de leer, es la voluntad de Dios que seamos santo como Él es santo.

Luego, 'Verdadero' significa "sin falsedad o mentira". No cambiar, no desviarse ni a la derecha ni a la izquierda, no mentir, no quebrantar una promesa, no engañar y ser siempre inmutable; todo esto es parte de algo 'verdadero'. "Ser verdadero" es algo muy importante. Solo cuando somos verdaderos podemos recibir fe y la Palabra de Dios puede estar viva y activa en nosotros y, de esta manera, experimentaremos el poder de Dios. Esto se debe a que la misma Palabra de Dios es la verdad.

Por otra parte, si no somos verdaderos, quizás tengamos dudas y posiblemente seamos tentados por la falsedad. Además, tampoco podremos comprender el corazón verdadero (1

Corintios 2:13). Entonces, ¿qué significa que el Señor tiene la llave de David?

## El Señor tiene la llave de David

David fue el segundo rey de Israel. Desde temprana edad David amó a Dios y tuvo temor de Él. Bajo el régimen de David, Israel fue muy próspero; ensanchó su territorio, disfrutó de grandes riquezas e incluso los países vecinos le pagaron tributo a Israel. También David fue muy amado y favorecido por Dios y el pueblo de Israel.

Nosotros necesitamos la llave para abrir la puerta de la bodega que está llena de tesoros. Solo aquellos que poseen la llave de la bodega pueden abrir la puerta y disfrutar de todos los tesoros que hay en ella. Dios entregó a David la llave que puede abrir cualquier puerta a la bendición para que pudiera disfrutar todo tipo de bendiciones. Esto fue posible porque David fue un hombre conforme al corazón de Dios.

No obstante, David tuvo que pasar por pruebas duras antes de ser calificado para recibir la llave. Para ocultar el hecho de que se acostó con la mujer de Urías y que ella quedó embarazada, David hizo que mataran a Urías. Este fue el comienzo de las pruebas que tuvo que vivir. Este fue un pecado grave, pero no fue porque David era en realidad una persona malvada para cometer ese pecado.

Al contrario, David amó a Dios más que ningún otro. Pero debido a que él tenía una raíz profunda de maldad en su naturaleza, el resultado fue un gran pecado.

Puesto que Dios sabía que había un rastro de maldad en la naturaleza de David, le permitió experimentar pruebas para que pudiera descubrir su verdadero ser por completo y llegar a ser perfectamente santificado.

Por lo tanto, incluso durante las pruebas severas, David dejó todo en las manos de Dios. Debido a la rebelión de su propio hijo Absalón, el rey David tuvo que huir a toda prisa. Entonces Simei, un hombre común y corriente, maldijo a David diciendo: *"¡Fuera, fuera, hombre sanguinario y perverso!"* (2 Samuel 16:7). No obstante, David no lo castigó. Sino que al contrario, se humilló a sí mismo para poder recibir la compasión de Dios. Fue muy diferente a su actitud anterior, cuando causó la muerte de Urías, quien era inocente, con la autoridad que poseía como rey.

De igual manera, por medio de las pruebas, pudo cambiar y convertirse aún más en un hombre conforme al corazón de Dios. Luego de que Dios lo refinó para convertirlo en un vaso apropiado para recibir la bendición, Dios le dio a David una llave para abrir la puerta a mayores bendiciones. Por sobre todas las cosas, él recibió una bendición inimaginable a través de su genealogía; Jesús nació para abrir el camino a la salvación.

Esta llave de David no se otorga únicamente a pocas personas escogidas, sino que es dada sin ningún tipo de discriminación a toda persona que ama a Dios, se asemeja al Señor y llega a ser santo y verdadero. Mientras llegamos a estar aptos al alcanzar las condiciones que Dios quiere, la puerta a las bendiciones de salud y otras como las riquezas, el honor y la autoridad también se abrirán. Finalmente, también se nos dará la llave para abrir la puerta a las bendiciones más grandes; la puerta de la Nueva Jerusalén.

Se dice sobre el Señor quien tiene la llave de todas las bendiciones: "el que abre y ninguno cierra, y cierra y ninguno abre" (v. 8).

Esto se debe a que la puerta de la salvación puede ser abierta solo en el nombre del Señor Jesucristo y, una vez que esta puerta esta abierta, nadie puede cerrarla, como se menciona en Hechos 4:12: *"Y en ningún otro hay salvación; porque no hay otro nombre bajo el cielo, dado a los hombres, en que podamos ser salvos"*.

¡Ni siquiera el enemigo diablo y Satanás puede cerrarla! El Señor abre y cierra todas las cosas de acuerdo a la voluntad de Dios, y precisamente Él hace todas las cosas en la providencia de Dios, sin cometer el más mínimo error.

## Casos actuales semejantes a los casos de la iglesia de Filadelfia

El mensaje dado a la iglesia de Filadelfia contiene las características de una iglesia que Dios ha escogido y Él mismo ha supervisado. Es la iglesia que Él reconoce y guía. La iglesia de hoy que es alabada por el Señor como la iglesia de Filadelfia tiene poca fuerza pero no se compromete con el mundo. Guardan la Palabra de Dios en cualquier tipo de persecución y prueba, y permanecen hasta el final y vencen con amor y fe.

Este tipo de iglesia recibirá las mismas bendiciones que se le dio a la iglesia de Filadelfia. Es decir, tendrán la evidencia del amor de Dios y mostrarán obras asombrosas del poder de Dios.

Él abrirá muchas puertas de bendiciones incluyendo la puerta de la autoridad espiritual para derrotar y expulsar al diablo enemigo y Satanás. Él abrirá la puerta del poder de Dios para realizar grandes prodigios, señales y obras extraordinarias. A través de estas puertas, ellos pueden guiar a muchas almas al camino de la salvación.

Además, cuando las puertas de las bendiciones para la iglesia son abiertas, en la medida que sus miembros estén calificados, se acercarán para recibir la llave a la Nueva Jerusalén.

Desde la apertura de la Iglesia Central Manmin, he tomado a la iglesia de Filadelfia como modelo y nos hemos esforzado para llegar a ser una iglesia hermosa que pueda ser elogiada por el Señor. Hemos soportado muchos tipos de persecuciones y pruebas para poder guardar la Palabra de Dios sin tener que comprometernos con las cosas de este mundo.

Como resultado, Dios permitió que el poder de la creación y cosas grandes e inimaginables sucedan. Por supuesto, esto no quiere decir que las obras poderosas que están ocurriendo actualmente se han venido manifestando desde el principio. Ya que hemos superado las etapas del refinamiento de la fe como en el horno, Dios nos ha llevado a niveles más altos.

Incluso si Dios nos ha dado la llave de las bendiciones, le corresponde a los creyentes e iglesias abrir la puerta y disfrutar de las bendiciones en el interior de la bodega.

Hageo 2:9 dice: *"La gloria postrera de esta casa será mayor que la primera, ha dicho Jehová de los ejércitos..."*. Como menciona este verso, a pesar de que tengamos poca fuerza, debemos esforzarnos en nuestros puestos para que de esta manera podamos alcanzar cosas mayores que las anteriores, para así darle a Dios la gloria.

# Elogio del Señor a la iglesia de Filadelfia

"Yo conozco tus obras; he aquí, he puesto delante de ti una puerta abierta, la cual nadie puede cerrar; porque aunque tienes poca fuerza, has guardado mi palabra, y no has negado mi nombre. He aquí, yo entrego de la sinagoga de Satanás a los que se dicen ser judíos y no lo son, sino que mienten; he aquí, yo haré que vengan y se postren a tus pies, y reconozcan que yo te he amado. Por cuanto has guardado la palabra de mi paciencia, yo también te guardaré de la hora de la prueba que ha de venir sobre el mundo entero, para probar a los que moran sobre la tierra" (Apocalipsis 3:8-10).

Cuando las personas alcanzan grandes logros en diferentes áreas para contribuir al desarrollo de la civilización humana, o cuando realizan obras virtuosas de amor, sus nombres son recordados y elogiados por todas las generaciones.

Si nosotros podemos ser reconocidos por nuestro prójimo de esta manera, es algo que produce gran gozo y, si podemos ser elogiados por el Señor como la iglesia de Filadelfia, es algo realmente eterno y verdadero. Este valor y felicidad no se puede comparar con nada más.

## El Señor ha puesto una puerta abierta delante de la iglesia de Filadelfia

A la iglesia de Filadelfia, antes de elogiarla, el Señor le promete que la bendecirá.

En especial les dijo: "...he aquí, he puesto delante de ti una puerta abierta, la cual nadie puede cerrar..." (v. 8). Una vez que el Señor abre la puerta de la bendición, ningún hombre, ángel o el enemigo diablo y Satanás podrá cerrarla. El Señor fue obediente hasta la muerte siguiendo la voluntad de Dios. Él venció la autoridad de la muerte. Por medio de esa victoria, Dios lo llamó Rey de reyes y Señor de señores.

Además, Juan 14:13 dice: *"Y todo lo que pidiereis al Padre en mi nombre, lo haré, para que el Padre sea glorificado en el Hijo"*. Así como menciona, Dios nos promete que nos dará todo lo que pidamos en el nombre de Jesucristo.

Pedro, el discípulo de Jesús, confesó delante de Él: *"Tú eres el Cristo, el Hijo del Dios viviente"* (Mateo 16:16). Entonces Jesús le respondió: *"Y yo también te digo, que tú eres Pedro, y sobre esta roca edificaré mi iglesia; y las puertas del Hades no prevalecerán contra ella. Y a ti te daré las llaves del reino de los cielos; y todo lo que atares en la tierra será atado en los cielos; y todo lo que desatares en la tierra será desatado en los cielos"* (Mateo 16:18-19).

Hay una gran autoridad contenida en Su Palabra al decir: "...he puesto delante de ti una puerta abierta, la cual nadie puede cerrar". Esta es la autoridad entregada a Pedro, que cualquier cosa que atare en la Tierra sería atada en los Cielos; y todo lo que desatare en la Tierra sería desatado en los Cielos.

Sin embargo, esta palabra de bendición no es solo para la iglesia de Filadelfia, sino que es para todo aquel y toda iglesia que es reconocida por el Señor. Una vez que el Señor abre la puerta, nadie puede cerrarla bajo ninguna circunstancia, dado que el pueblo y la iglesia que Dios mismo elige y guía están en Su providencia.

No importa lo mucho que el diablo enemigo intente obstaculizarnos, una vez que Dios ha decidido algo y dado la orden para alcanzarlo, sin duda es realizado para darle la gloria a Dios.

El Señor es el mismo ayer, hoy y siempre. Él estará con

nosotros hasta que regrese nuevamente. Él garantizará a las iglesias y a sus miembros que ha establecido.

## La iglesia de Filadelfia guardó la Palabra de Dios teniendo poca fuerza

La razón por la que la iglesia de Filadelfia pudo recibir todas estas bendiciones, fue porque ellos guardaron la Palabra de Dios a pesar de tener poca fuerza y no negaron el nombre del Señor. Desde que el Señor los elogió por ser una iglesia que hacía lo correcto, ¿por qué habría dicho que sólo tenían poca fuerza en primer lugar?

Esto tiene dos significados. Primero: 'poca fuerza' se refiere al estado en el cual se posee fe como un grano de mostaza, justo después de haber aceptado al Señor. Sin embargo, este tipo de semilla de mostaza crece al punto de convertirse en un árbol muy grande, en el que los pájaros se cobijan y descansan en sus ramas. De igual manera, nuestra fe crece para convertirse en una fe grande a medida que progresamos en nuestras vidas cristianas.

Desde el momento que tienen poca fuerza, en otras palabras, desde que poseen una pequeña medida de fe, la iglesia de Filadelfia guardó la Palabra de Dios que aprendió y creció en su fe.

De hecho, no es fácil al comenzar la vida cristiana, guardar la

Palabra de Dios con tan poca fuerza, ya que se tiene pocas fuerzas para vencer al mundo; a pesar de saber lo que es correcto, no pueden ponerlo en práctica en sus propias vidas.

Por ejemplo: escuchan un mensaje que les enseña que deberían despojarse de su mal carácter. Por lo tanto, toman la decisión de que vivirán de acuerdo a la Palabra. Sin embargo, cuando se encuentran con un incidente que los hace ponerse tristes, simplemente se enfadan ya que tienen pocas fuerzas. No obstante, a pesar de tener pocas fuerzas, cuando realmente colocan la palabra en sus corazones y oran de manera ferviente, pueden vencer con la ayuda del Espíritu Santo.

La iglesia en Filadelfia tuvo poca fuerza, pero oró fervientemente y guardó la Palabra, por lo que su fe creció rápidamente. Pudieron llegar a ser una iglesia que recibió palabras de elogio de parte del Señor.

Luego, guardar la Palabra de Dios con poca fuerza significa que, aunque en realidad tenía un gran poder, alcanzaron la voluntad de Dios con humildad, como si sólo tuvieran poca fuerza. Examinemos esto mediante el ejemplo de nuestro Señor Jesús.

Jesús es originalmente uno con Dios el Padre. Él es el unigénito Hijo de Dios, y Su poder y autoridad son iguales que el poder y la autoridad de Dios. No obstante, Jesús tomó la humilde forma de un ser humano cuando vino a este mundo, y vivió de igual manera que las demás personas. Tuvo que sufrir hambre, cansancio, frío y los dolores de la carne que los seres humanos sufren.

Él cumplió con la tarea del Salvador, no en la forma del glorioso y majestuoso Hijo de Dios, sino en la forma de un hombre común y corriente con poca fuerza. Aunque Él tiene un poder Omnipotente, alcanzó todas las cosas de acuerdo a la justicia como un simple hombre y un poder limitado.

De igual manera, aunque algunos de nosotros poseamos un buen corazón y un potencial fuerte, Dios no nos otorga un poder incondicional desde el principio. Él nos guía paso a paso de acuerdo a la justicia para que la poca fuerza que tenemos pueda madurar y convertirse en una fuerza mucho mayor.

## Por medio de esta poca fuerza, la iglesia de Filadelfia no negó el nombre del Señor

La iglesia de Filadelfia recibió elogios por haber guardado la Palabra del Señor y por no haber negado Su nombre. En este caso, la expresión 'negado mi nombre' no es solo una negación de Su nombre en el área física y el acto de olvidarse de Él.

Si la voluntad de Dios es conocida y una persona no vive mediante Su voluntad, en un sentido más amplio esto es negar el nombre del Señor. Existen personas que confiesan con sus labios que ellos poseen fe, no obstante, se desvían a la derecha y luego a la izquierda, dudan de esto y de aquello y, eventualmente, regresan de nuevo al mundo sin en realidad intentar seguir Su voluntad.

Si una persona conoce esto pero sigue desobedeciendo la voluntad de Dios porque los asuntos parecen ser triviales, cuando esta persona enfrente pruebas y tribulaciones no podrá vencer sobre ellas. En su lugar protestará y se quejará contra Dios. Puede incluso apartarse de la iglesia. Quizás piense: "Es algo tan insignificante...", y desobedezca la verdad. Pero al final se enfrentará a una situación de traición al Señor.

La iglesia de Filadelfia comenzó con poca fuerza, la cual era una medida de fe pequeña, e incluso mientras la fe de ellos fue creciendo, sus obras fueron suficientes para recibir elogios de parte del Señor. Ellos vivieron por medio de la Palabra en cada situación. No negaron a Dios incluso cuando se enfrentaron con pruebas y tribulaciones, sino que mantuvieron su fe y llegaron a estar parados aún más firmes sobre la roca de la fe.

Para que nosotros podamos guardar la palabra del Señor y no negar Su nombre con tal 'poca fuerza', lo más importante es que no dejemos de orar.

No podemos abstenernos de la falsedad y vencer las tinieblas con nuestras propias fuerzas y poder. Dado que podemos hacerlo sólo por la gracia de Dios y la fortaleza, tenemos que recibir la gracia y la fuerza a través de las oraciones.

También debemos comprender correctamente cuál es la voluntad del Señor. Debemos saber qué es el pecado, qué son las tinieblas y lo que se entiende por 'la carne'. Debemos abstenernos de todo esto rápidamente. Si no lo hacemos, quizás nos apartemos del camino de la rectitud y vayamos por el mal camino debido a que desconocemos cuál es la voluntad del Señor.

Por consiguiente, aquellas personas que verdaderamente quieren conocer la voluntad del Señor pueden estar agradecidas y gozosas cuando sean exhortadas y reprendidas. Esto se debe a que pueden comprender la voluntad del Señor con mayor claridad y vivir por ella.

## La iglesia de Filadelfia recibió evidencia del amor del Señor

Tal como el Señor dijo: "Yo conozco tus obras", el Señor conocía todo lo que ellos habían hecho para guardar Su palabra. A pesar de que tenían poca fuerza de su fe pequeña, no negaron Su nombre, y Él les mostró evidencia de Su amor por ellos.

En el verso 9 leemos: "He aquí, yo entrego de la sinagoga de Satanás a los que se dicen ser judíos y no lo son, sino que mienten; he aquí, yo haré que vengan y se postren a tus pies, y reconozcan que yo te he amado".

Como expliqué anteriormente: "La sinagoga de Satanás" es un grupo de dos o más personas que hablan en contra de la verdad y causan problemas dentro de la iglesia. Y aquellos "que se dicen ser judíos y no lo son", son los que dicen creer en Dios y ser Sus hijos, pero pertenecen a la sinagoga de Satanás. Estas personas dificultan el reino de Dios.

Se hacen llamar a sí mismas hijos de Dios de labios para afuera, pero no viven en la verdad, sino que murmuran, juzgan y condenan a las demás personas. Simplemente traen problemas y argumentos a la iglesia.

Si algo no está en acuerdo con sus ideas o criterios, incluso condenan a los demás que revelan la gloria de Dios por medio de maravillas y señales milagrosas. "Aquellos que se dicen ser judíos y no lo son", son las personas que dicen ser creyentes pero persiguen a las iglesias y a los pastores que Dios mismo ha escogido y dificultan el reino de Dios.

La Biblia dice que aquel que niega a Jesucristo es un mentiroso y anticristo (1 Juan 2:22). Pero existen personas que mienten a pesar de decir que creen.

En 1 Juan 1:6 leemos: *"Si decimos que tenemos comunión con él, y andamos en tinieblas, mentimos, y no practicamos la verdad"*. Como se menciona, los mentirosos son aquellos que dicen que creen, pero que en realidad no viven por la Palabra de Dios.

El Señor dice: "...Yo haré que vengan y se postren a tus pies". Esto significa que incluso estas personas eventualmente se darán cuenta de su mal comportamiento delante del poder de Dios, se arrepentirán y se acercarán. Por medio de esto, Dios confirma que Él amó esta iglesia y a Sus miembros.

La iglesia de Filadelfia también sufrió persecución y dificultades por parte de aquellos que dijeron que eran judíos pero en realidad no lo eran. No obstante, Dios hizo que estas personas regresaran y se arrepintieran delante de la iglesia. Dios mostró la evidencia de que Él amó la iglesia en Filadelfia. Sin embargo, no todos ellos se arrepintieron y cambiaron.

Algunos ya habían cometido el pecado de blasfemar en contra del Espíritu Santo al hablar en Su contra. Por lo tanto, no fue fácil para ellos arrepentirse, cambiar y ser perdonados (Mateo 12:31-32). Sin embargo, entre aquellos que se hacían llamar judíos estaban los que sí tenían un buen corazón. Cuando escucharon la Palabra de la verdad y vieron las obras del poder de Dios, se dieron cuenta de sus pecados y se arrepintieron.

## Dios muestra la evidencia del amor por medio de las pruebas

En ciertas ocasiones, Dios permite que Sus hijos amados sean sometidos a persecuciones y pruebas en el proceso de refinamiento. Pero al final, resulta ser de bendición y de manera evidente habrán evidencias. Por otra parte, las personas que causen persecución o traigan problemas, enfrentarán un justo juicio.

Esto se debe a que si se coloca en oposición de una persona o una iglesia que Dios ama y garantiza es como estar en contra de Dios mismo. Es por ello que cuando leemos la Biblia, vemos personas de este tipo que al final enfrentan tragedias. Cuando las personas profesan que aman a Dios, deben mostrar la evidencia de su amor acompañada de obras. De igual manera, Dios no sólo le dice a sus hijos: "Te amo", sino que también muestra la sólida evidencia de Su amor.

En la Biblia, aquellos que son amados por Dios pueden mostrar una clara evidencia de que Él estuvo con ellos. Dios es el mismo ayer, hoy y siempre; y Él muestra de varias maneras las evidencias a aquellas iglesias y pastores que ama.

Primeramente, Dios muestra innumerables obras que demuestran que Él es Dios vivo. Además, en la inspiración del Espíritu Santo, Dios interpreta los secretos profundos del reino espiritual que ningún hombre puede comprender. El enemigo diablo quizás intente molestar, pero Dios muestra las evidencias al protegerlos.

Además, los obstáculos de aquellos que se llaman a sí mismos judíos pero que no lo son, quizás se conviertan en escalones sólidos para manifestar mayor poder de Dios.

El enemigo diablo y Satanás puede instigar a las personas malvadas a causar pruebas y persecuciones en contra de las personas escogidas por Dios, pero por medio de esto pueden recibir incluso mayor poder de Dios de acuerdo a la ley de la justicia. En la medida que venzan las pruebas con bondad, amor y fe, podrán recibir incluso mayor poder de Dios. Eventualmente, se puede alcanzar un nivel increíble del poder de Dios por el pueblo escogido por Él.

## La iglesia de Filadelfia evitó la hora de la prueba

Los creyentes en la iglesia de Filadelfia guardaron la Palabra de Dios y no negaron el nombre del Señor incluso teniendo poca fuerza. Ellos también guardaron la palabra de Su paciencia y fueron guardados de la hora de la prueba (v. 10). ¿Por qué dice 'la palabra de mi paciencia'?

Para poder guardar la Palabra de Dios, a veces se requiere mucha paciencia. Es especialmente cierto cuando tenemos poca fuerza o una fe frágil. Dado que en esta fase de la fe débil los atributos para seguir la mentira son más fuertes en el corazón que los atributos para seguir la bondad y la verdad, con el fin de superar y luchar contra el pecado y seguir la verdad, tenemos que sobreponernos constantemente con oración y ayuno.

Pero cuando el corazón de la verdad crece para hacerse más fuerte que el corazón de falsedad, entonces, seguir la verdad será más fácil. No tenemos que resistirlo o suprimir los deseos de la carne como antes ya que de manera natural las obras de la verdad siguen después de tan solo un poco de esfuerzo.

Pero no debemos dejar que nuestro corazón de la verdad descanse por el simple hecho de que es más fuerte que el corazón de falsedad. Hasta que nos abstengamos de toda forma de maldad, debemos soportar con paciencia y mantener el control sobre lo que podría provenir de nosotros.

Cuando intentamos soportar las cosas con paciencia y nos esforzamos para vivir por medio de la Palabra de Dios de acuerdo a nuestra medida de fe, Dios considera nuestro esfuerzo como obras de fe. Dios protege a esos hijos y los bendice para evitar pruebas.

Entonces, ¿qué significa "yo también te guardaré de la hora de la prueba"? Dios realmente recompensa a las personas de acuerdo a lo que han hecho. Por mucho que Sus hijos vivan en la Palabra y en la luz, Dios los protege de la autoridad de las tinieblas.

Por ejemplo: siempre y cuando guarden el Día del Señor como día santo y den todos los diezmos, Dios puede darles protección en las áreas básicas. Incluso si están involucrados en un accidente causado por sus propios errores, Dios los protege para que no sean lastimados. ¿Qué sucede si ellos guardan la palabra con paciencia y viven en la verdad? Por supuesto, Dios los protegerá en cada aspecto de la vida.

## Razones por las cuales se atraviesan pruebas y persecuciones

Algunos cristianos parecen llevar buenas vidas cristianas, pero sufren de varias pruebas y tribulaciones. Entonces, existen algunas personas que dicen cosas como: "Quizás cometieron pecados delante de Dios", o "solo trabajan cuando otras personas los observan". Luego comienzan a murmurar, comparar, juzgar y condenar.

Claro, cuando los hijos de Dios guardan Su Palabra y viven en la verdad, Dios los protege de manera que pueden evitar las pruebas y las aflicciones. Incluso cuando los hijos de Dios enfrentan pruebas, Él hace que todas las cosas obren para bien (Romanos 8:28). Por lo tanto, si no estamos protegidos por Dios y sufrimos pruebas y aflicciones, tenemos que mirar hacia atrás y analizar si hemos caminado bien ante los ojos de Dios.

No obstante, a veces, es posible que nos enfrentemos a juicios incluso si hemos vivido una vida cristiana adecuada. Entonces, en este caso es una prueba que Dios permite para darnos bendiciones. Por consiguiente, cuando vemos a una persona que está sufriendo pruebas, no debemos juzgarlos por lo que vemos en lo externo y pensar que lo estamos discerniendo en la verdad.

Por ejemplo: cuando José fue vendido como esclavo a otro país y cuando fue injustamente enviado a la prisión, desde el punto de vista natural, parecía sufrir pruebas. Pero se permitió todo esto en su vida en la providencia de Dios quien planeó hacer de José un gobernante y establecer la fundación de Israel. Por lo tanto, estas pruebas resultaron no tan solo en bendiciones personales para José, sino también de gran gloria para Dios. Lo mismo sucede cuando los cristianos fieles son perseguidos e incluso martirizados, esto no quiere decir que no fueron protegidos por Dios. Es más bien que ellos vencieron las pruebas.

Como está escrito en Romanos 8:18, que dice: *"Pues tengo por cierto que las aflicciones del tiempo presente no son comparables con la gloria venidera que en nosotros ha de manifestarse"*, ellos pueden recibir la gloria que no se puede comparar con el sufrimiento que se pasa en este mundo.

'La hora de la prueba' indica en mayor detalle el tiempo de los Siete Años de la Gran Tribulación. Por consiguiente, mientras vivimos en estos tiempos finales del mundo, debemos mantenernos alertas y llevar una vida sobria en la fe para así no caer en la hora de la prueba.

En los tiempos finales del mundo, si nosotros solo asistimos a la iglesia pero no practicamos la Palabra de Dios y si tenemos amistad con las cosas de este mundo, entonces no seremos arrebatados en el aire cuando el Señor vuelva. Al contrario, caeremos en los Siete Años de la Gran Tribulación. No obstante, si nosotros guardamos la Palabra con perseverancia, no solo escaparemos de la hora de la prueba sino que también entraremos a los Sietes Años del Banquete de las Bodas que se realizarán en el aire junto con el Señor.

Cuando el Señor regrese nuevamente en el aire, aquellos que estuvieron dormidos en el Señor resucitarán primero. Entonces aquellos que estén vivos y hayan aceptado al Señor tendrán un cuerpo resucitado y serán arrebatados en el aire; además disfrutarán de los Siete Años del Banquete de las Bodas en el aire.

Durante ese tiempo, el Espíritu Santo saldrá de este mundo, y la Tierra caerá en los Siete Años de la Gran Tribulación. El poder de las tinieblas tendrá completo control de todo el mundo, y aparecerá el anticristo. Su personal encontrará a los que intentan mantener su fe en Jesucristo y los obligarán a negar al Señor por medio de torturas severas.

Para poder evitar la hora de los Siete años de la Gran Tribulación, debemos estar alertas, orar y adornar nuestras vidas como las novias del Señor. Es decir, debemos abstenernos de toda forma de maldad para alcanzar el corazón del Señor.

# La promesa del Señor para la iglesia de Filadelfia

"He aquí, yo vengo pronto; retén lo que tienes, para que ninguno tome tu corona. Al que venciere, yo lo haré columna en el templo de mi Dios, y nunca más saldrá de allí; y escribiré sobre él el nombre de mi Dios, y el nombre de la ciudad de mi Dios, la nueva Jerusalén, la cual desciende del cielo, de mi Dios, y mi nombre nuevo. El que tiene oído, oiga lo que el Espíritu dice a las iglesias" (Apocalipsis 3:11-13).

La iglesia de Filadelfia guardó la Palabra con perseverancia desde el momento que tuvieron poca fuerza y, por lo tanto, el Señor abrió las puertas de las bendiciones para ellos y les mostró la evidencia de Su amor. Además les dijo que venía pronto y cómo debían comportarse (v. 11).

La promesa del Señor: "Yo vengo pronto", no solo se aplica dos mil años atrás sino que también se aplica en la actualidad. Algunas personas dicen: "Él dijo que vendría pronto, ¿pero por qué tarda tanto en venir?" En realidad Él no es lento para venir. Su Palabra se ha cumplido de continuo hasta este momento. La mayoría de personas solo viven por un lapso de setenta a ochenta años con salud, y luego se reúnen con el Señor que dijo: "Yo vengo pronto".

Por lo tanto, no debemos pensar que la venida del Señor es lenta (2 Pedro 3:9-10), sino que debemos preparar nuestras vidas lo suficiente para darle la bienvenida al Señor en cualquier momento.

Entonces, ¿cuáles son las palabras de consejo y bendiciones del Señor para la iglesia de Filadelfia?

### El Señor quiere que retengamos lo que tenemos

Primeramente, el Señor le dijo a la iglesia de Filadelfia: "...retén lo que tienes, para que ninguno tome tu corona..." (v. 11). Nuestro Señor le dijo a la iglesia de Tiatira: *"Pero lo que tenéis, retenedlo hasta que yo venga"* (Apocalipsis 2:25). Esto significa que ellos debían guardar la fe que tenían para que de esa manera no perdieran la oportunidad de la salvación.

Pero cuando el Señor le dijo a la iglesia de Filadelfia: "retén lo que tienes", no se trata solo del asunto de la salvación.

Desde el momento que tuvieron la poca fuerza de su fe pequeña, los miembros de la iglesia en Filadelfia guardaron la Palabra de Dios. Por lo tanto, aquí lo que se quiere decir es que deben cumplir con sus deberes dados por Dios correctamente para que puedan ser capaces de recibir las coronas y recompensas que Dios prometió darles en el cielo. Por ello nuestro Señor les advierte que no pierdan sus coronas por corromperse a medio camino.

Por supuesto, una vez que estemos en el cielo, la corona que recibiremos jamás nos será quitada. Pero mientras estemos en este mundo, si nos damos por vencidos o nos corrompemos a mitad de camino, entonces las coronas que se supone que debemos recibir en el cielo nos serán quitadas.

Si verdaderamente tenemos fe y esperanza por el Cielo, no debemos descuidar nuestros deberes dados por Dios ni renunciar a ellos para no perder las coronas prometidas. Además, no deberíamos tener mentes arrogantes en nuestros deberes y pensar: "Esto no puede hacerse sin mi ayuda". El candelero puede ser quitado. Debemos mantener una actitud humilde, el primer amor y el fervor con el que comenzamos.

Dios nunca deja de cumplir Sus obras. Por lo tanto, si no cumplimos con nuestras responsabilidades en ninguna circunstancia, Dios llevará a cabo Sus obras por medio de otra persona que Él haya preparado.

Dios no nos quita nuestras obligaciones inmediatamente solo porque nos hemos descuidado de hacerlas una o dos veces. De manera segura y repetida nos da más oportunidades para que nosotros nos recuperemos. Pero si nos quedamos de la misma manera a pesar de todas estas oportunidades, Dios utilizará a otras personas para cumplir con el reino de Dios.

Nos hemos abstenido diligentemente del pecado y hemos marchado hacia adelante con esperanza en el Cielo, por lo tanto, jamás debemos perder todas las recompensas que hemos ido acumulando en el Cielo al mirar hacia atrás al mundo.

Supongamos que hemos sido fieles en nuestras vidas cristianas, y podemos entrar a una buena morada en el Cielo. Pero si cometemos pecados que conducen a la muerte, aunque nos arrepintamos y nos apartemos del pecado, debemos comenzar todo nuevamente desde el Paraíso, la menor morada.

No obstante, si en realidad cambiamos y recibimos gracia de parte de Dios con nuestro esfuerzo, podemos recuperar el estado anterior. De acuerdo con nuestro esfuerzo, nosotros también podemos anhelar los mejores lugares de morada en el Cielo.

## La bendición de convertirse en pilares en el templo de Dios

Cuando la iglesia de Filadelfia retuvo lo que habían estado haciendo y finalmente fueron capaces de vencer, el Señor les dio la promesa que los convertiría en pilares en el templo de Su Dios (v. 12).

En este caso 'en el templo de mi Dios' indica el lugar donde se encuentra el trono de Dios; esto es, la Nueva Jerusalén. Convertirse en un pilar en la Nueva Jerusalén, significa llegar a ser una figura importante en la Nueva Jerusalén. Esto es en realidad una gran bendición.

Pero esta bendición no es simplemente dada a cualquiera, sino dada solo a aquellos que vencieren. Los miembros de la iglesia de Filadelfia tenían una fe pequeña, pero guardaban la Palabra de Dios y nunca negaron el nombre del Señor. En consecuencia, ya que la fe de ellos creció, pudieron practicar las verdades invariablemente y llegar a la santificación completa, y pudieron cumplir fielmente con las responsabilidades dadas por Dios.

Esta es la vida de aquél que venciere y además él, cuya fe es reconocida como perfecta por el Señor, se convertirá en un pilar de la Nueva Jerusalén. Pero aunque Dios nos ha dado la promesa de bendecirnos, si no retenemos Sus promesas y guardamos nuestro corazón, la promesa de la bendición será sacada de nuestras vidas.

Cuando cumplimos nuestras responsabilidades de manera invariable y vencemos hasta que la palabra dada se haga realidad, podremos recibir la corona prometida y las recompensas, y además la bendición de convertirnos en pilares en la Nueva Jerusalén.

Ya que Dios nunca cambia, jamás quitará estas bendiciones, y debido a que estas bendiciones no pueden ser quitadas, el Señor dice: "...y nunca más saldrá de allí".

Además el Señor continúa diciendo: "...y escribiré sobre él el nombre de mi Dios, y el nombre de la ciudad de mi Dios, la nueva Jerusalén, la cual desciende del cielo, de mi Dios, y mi nombre nuevo" (v. 12). Esto quiere decir que Dios confirma y garantiza Su promesa al sellarla por completo en el nombre de Dios, el nombre de la Nueva Jerusalén, y el nuevo nombre de nuestro Señor.

El nuevo nombre de nuestro Señor es "El Rey de reyes y Señor de señores". Es el glorioso nombre dado al Señor Jesús quien completó la providencia de la salvación de la humanidad al redimirnos de nuestros pecados, y quien resucitó y ascendió a los Cielos (Filipenses 2:9-11).

## Requisitos para entrar en la Nueva Jerusalén

Jerusalén era la ciudad capital de Israel. Era donde el rey de Israel vivía. Todos los sacrificios ofrecidos a Dios eran realizados en el Santo Templo de Dios en la ciudad de Jerusalén. No obstante, la Nueva Jerusalén no es como la Jerusalén que se encuentra en este mundo, la misma que desaparecerá al final. La Ciudad Santa, la Nueva Jerusalén, es eterna y permanecerá para siempre; es la ciudad donde el Dios Santo mora (Apocalipsis 21:1-2).

Solo aquellos que están completamente santificados y que sean fieles sobre la Tierra podrán entrar a la Nueva Jerusalén. Allí, Dios les permitirá tener gloria eterna. Es por esta razón que se la llama 'Ciudad de gloria'. La promesa de esta esperanza no se aplica sólo a la iglesia de Filadelfia, sino a todas las iglesias y creyentes que actúan como la iglesia de Filadelfia y sus miembros.

Sin embargo, no podemos ingresar allí si no somos fieles en grado sumo con la medida de fe completa. Debemos alcanzar la santificación completa sin tener ninguna forma de maldad y también ser fieles en toda la casa de Dios. Podremos entrar allí solo si poseemos un alto nivel de fe; nuestra fe no puede alcanzar dicho nivel en un día. Alcanzar ese nivel de fe tampoco puede hacerse solo con nuestras propias fuerzas.

En la Biblia, aquellos padres de la fe que fueron considerados dignos de ingresar a la Nueva Jerusalén, surgieron como oro puro a través de pruebas severas de refinamiento en la providencia de Dios. Ellos cumplieron con responsabilidades que las personas comunes y corrientes no podían alcanzar, inclusive al punto de muerte. Solo de esta manera pudieron ser calificados para entrar a la Nueva Jerusalén.

Por consiguiente, guardemos la Palabra de Su paciencia sin variar, aunque tengamos una fe pequeña. No recibamos simplemente la evidencia de que Dios nos ama por ser santificados por completo y ser completamente fieles, sino también la bendición de convertirnos en un pilar en la Nueva Jerusalén.

# Capítulo 7

# La iglesia de Laodicea
## - Una iglesia grande que no era ni fría ni caliente

La iglesia de Laodicea disfrutó de una vida de riquezas financieras, pero se encontraban en un estado lamentable. Espiritualmente se encontraban en pruebas, estaban ciegos y desnudos. El Señor los reprendió por no ser ni fríos ni calientes, y les dijo que fueran más fervientes y que se arrepintieran.

Esta es la palabra dada a las iglesias de hoy que no intentan ser más entusiastas o cambiar a sí mismas diciendo: "Somos ricos y no tenemos necesidad de nada".

"Y escribe al ángel de la iglesia en Laodicea: He aquí el Amén, el testigo fiel y verdadero, el principio de la creación de Dios, dice esto:

Yo conozco tus obras, que ni eres frío ni caliente. ¡Ojalá fueses frío o caliente! Pero por cuanto eres tibio, y no frío ni caliente, te vomitaré de mi boca. Porque tú dices: Yo soy rico, y me he enriquecido, y de ninguna cosa tengo necesidad; y no sabes que tú eres un desventurado, miserable, pobre, ciego y desnudo. Por tanto, yo te aconsejo que de mí compres oro refinado en fuego, para que seas rico, y vestiduras blancas para vestirte, y que no se descubra la vergüenza de tu desnudez; y unge tus ojos con colirio, para que veas. Yo reprendo y castigo a todos los que amo; sé, pues, celoso, y arrepiéntete.

He aquí, yo estoy a la puerta y llamo; si alguno oye mi voz y abre la puerta, entraré a él, y cenaré con él, y él conmigo. Al que venciere, le daré que se siente conmigo en mi trono, así como yo he vencido, y me he sentado con mi Padre en su trono. El que tiene oído, oiga lo que el Espíritu dice a las iglesias".

# La carta del Señor a la iglesia de Laodicea

"Y escribe al ángel de la iglesia en Laodicea: He aquí el Amén, el testigo fiel y verdadero, el principio de la creación de Dios, dice esto:" (Apocalipsis 3:14).

El evangelio fue predicado en Laodicea por medio de Epafrodito, un compañero de trabajo del apóstol Pablo. El apóstol Pablo también se interesó en Laodicea (Colosenses 4:15-16). La iglesia de Laodicea fue establecida bajo condiciones favorables. Tenían un buen ambiente, pero en vez de haber crecido en su vida espiritual, se estancó debido a la tentación del dinero y la comodidad que tenían en sus vidas. El Señor tuvo que reprenderlos por ser tibios.

Esta fue la iglesia que recibió solo reprensión sin ningún elogio de parte del Señor. La iglesia de Sardis fue reprendida, aunque había algunas personas que no habían manchado sus vestiduras. Pero la iglesia de Laodicea solo recibió reprensión.

**He aquí el Amén, el testigo fiel y verdadero:**

Las Escrituras están hablando acerca del Señor quien está escribiendo a la iglesia de Laodicea: "He aquí el Amén, el testigo fiel y verdadero, el principio de la creación de Dios" (v. 14). El Señor solo dice 'Sí' y 'Amén' delante de Dios Padre. No había desobediencia al decir 'No'. Jesús existió en forma de Dios, pero no consideró el ser igual a Dios como algo a qué aferrarse. Al contrario, vino a este mundo siendo semejante a los hombres.

Hasta el glorioso Hijo de Dios fue despreciado y rechazado y crucificado por sus propias criaturas, y en Él solo había "Sí" (Filipenses 2:6-8). Es por ello que 2 Corintios 1:19 dice: *"Porque el Hijo de Dios, Jesucristo, que entre vosotros ha sido predicado por nosotros, por mí, Silvano y Timoteo, no ha sido Sí y No; mas ha sido Sí en él"*.

Nosotros, como hijos de Dios, debemos estar dispuestos a decir solo 'Sí' y 'Amén' delante de Dios. Debemos considerar nuestras ideas o teorías o lo que pensemos, sin valor, y obedecer la Palabra de Dios. Muchos creyentes en realidad no creen u obedecen la Palabra de Dios cuando esta no está en acuerdo con sus propios pensamientos.

A veces, al principio parecen ser obedientes a la Palabra,

pero cuando se encuentran con dificultades, cambian en sus pensamientos carnales. Esto se convierte en la razón por la cual no pueden experimentar la Palabra de Dios, ni darle la gloria a Él.

En 2 Corintios 1:20 está escrito: *"Porque todas las promesas de Dios son en él Sí, y en él Amén, por medio de nosotros, para la gloria de Dios".* Tal como el Señor hizo, cuando nosotros obedecemos solo con 'Sí' y 'Amén', Dios nos garantiza el resultado de nuestra obediencia. De esta manera, podremos llevar una vida que le de la gloria a Dios.

Luego, el Señor es "el testigo fiel y verdadero". La persona fiel no hace prevalecer sus propias ideas, ni tampoco busca su propio beneficio. Solo hay 'Sí' y 'Amén' en su vida. Por ejemplo: cuando un rey da una orden, el siervo fiel lo hace incluso sabiendo que podría perder su vida.

Ya que el Señor Jesús era fiel, Él solo obedeció con 'Amén' al punto de morir, y al final cumplió completamente con todo lo profetizado concerniente al Mesías que fue anunciado en el Antiguo Testamento. Por consiguiente, como el Señor fiel cumplió con la Palabra de Dios, se convirtió en el testigo verdadero con el hecho de que la promesa de Dios se cumplió a cabalidad.

## El Señor es el principio de la creación

El Señor es 'el principio de la creación de Dios'. Colosenses

1:15-17 dice: *"El es la imagen del Dios invisible, el primogénito de toda creación. Porque en él fueron creadas todas las cosas, las que hay en los cielos y las que hay en la tierra, visibles e invisibles; sean tronos, sean dominios, sean principados, sean potestades; todo fue creado por medio de él y para él. Y él es antes de todas las cosas, y todas las cosas en él subsisten"*.

Originalmente el universo y todo lo que hay en él fue creado por medio de la Palabra de Dios. El evangelio de Juan 1:1 dice: *"En el principio era el Verbo, y el Verbo era con Dios, y el Verbo era Dios"*. El Señor es el mismo en origen con Dios, y el Verbo, la Palabra, que vino al mundo en carne era Jesús. Por consiguiente, el Señor es el principio de la creación de Dios.

Entonces, ¿por qué el Señor explica que Él es 'el Amén, el testigo fiel y verdadero, el principio de la creación de Dios', antes de hablarle a la iglesia de Laodicea? Es para confirmar que toda la Palabra de Dios se cumplió a cabalidad y que el juicio de Dios es justo y correcto.

El Señor, quien es el principio de la creación de Dios y quien cumplió completamente toda la Palabra de Dios solo con 'Sí' y 'Amén', también quiere recordarnos el hecho de que la palabra que fue dada a la iglesia de Laodicea también se cumplirá.

## Las iglesias de la actualidad que son como la iglesia de Laodicea

Cuando una iglesia ora fervientemente y trabaja fielmente por el reino de Dios, Él permite el avivamiento y las bendiciones financieras. Él le da a cada miembro respectivamente las bendiciones apropiadas que están reservadas. Existen iglesias en la actualidad que hacen uso indebido de las bendiciones dadas por Dios. Es decir, con la bendición dada, la iglesia y los miembros se comprometen con el mundo.

A medida que la iglesia crece en tamaño hasta cierto punto, también ganan riquezas, fama y autoridad social. Si luego descuidan las obras de Dios y siguen la fama y la riqueza aún más, están actuando, viviendo y jugando entre Dios y el mundo. En lugar de dirigir sus intereses para salvar más almas y ampliar el reino de Dios, se comprometen con el mundo. Se asocian cada vez más con el mundo y se unen con aquellos que tienen riqueza, fama y autoridad.

Por supuesto, eso no quiere decir que tenemos que boicotear o excluir a los que tienen riquezas, fama y poder en el mundo, sino que debemos abrazarlos con el amor de Cristo, tener comunión con ellos y sembrar fe en ellos para así darle a Dios la gloria. Sin duda en esta manera es algo bueno.

Pero sin tener un interés genuino en este propósito, sino el de simplemente tener más riquezas, fama y autoridad, algunas iglesias se comprometen con el mundo. El Señor reprueba este tipo de iglesias diciendo que son tibias.

# La reprensión del Señor a la iglesia de Laodicea

"Yo conozco tus obras, que ni eres frío ni caliente. ¡Ojalá fueses frío o caliente! Pero por cuanto eres tibio, y no frío ni caliente, te vomitaré de mi boca. Porque tú dices: Yo soy rico, y me he enriquecido, y de ninguna cosa tengo necesidad; y no sabes que tú eres un desventurado, miserable, pobre, ciego y desnudo" (Apocalipsis 3:15-17).

En aquel momento la lana era abundante en Laodicea. Eran tan ricos que tenían bancos comerciales desde los primeros días de su historia. Incluso en el gran terremoto del año 17 d. C., a diferencia de otras ciudades, ellos se pudieron recuperar sin la ayuda del gobierno central del Imperio Romano.

La iglesia de Laodicea creció en su riqueza, y fue reprendida por el Señor por no ser ni fríos ni calientes sino que eran tibios. El Señor les dijo que debían ser fríos o calientes o sino Él los vomitaría de Su boca.

## Fe tibia, ni fría ni caliente

Cuando calentamos el agua con el fuego, esta se hace caliente, pero cuando dejamos de calentarla se vuelve tibia y eventualmente se enfría. Entonces, ¿qué es la fe fría, caliente y tibia? Ser 'frío' en lo espiritual es 'no tener obras del Espíritu Santo en el corazón'; es la condición de no tener conexión con la salvación.

A veces, entre los asistentes a la iglesia, existen personas que no han recibido el Espíritu Santo, por lo tanto no saben lo que es la fe verdadera, y no entienden lo que es la salvación. Además, entre los cristianos que han recibido el Espíritu Santo, hay algunos que todavía no se han despojado de sus deseos por las cosas de este mundo. Como uno de los resultados posteriores, apagan el Espíritu Santo al volverse hacia el mundo. El Señor dice que este tipo de personas que se distancian de la salvación están 'frías'.

Por otra parte, 'estar caliente' indica el estado de la fe de aquellos que han recibido el Espíritu Santo que está creciendo al ser provistos con nuevas fuerzas espirituales cada día. Cuando abrimos la puerta de nuestro corazón y recibimos el Espíritu

Santo, podemos entender la Palabra de Dios mediante la ayuda del Espíritu Santo. A medida que vamos conociendo más acerca de Dios, y mientras intentamos seguir la verdad cada vez más, llegamos a llenarnos del Espíritu Santo y recibir gracia y fortaleza de parte de Dios; poco a poco seguimos al espíritu en cada situación.

Ya que peleamos en contra del pecado mediante la Palabra de Dios al punto de sudar sangre, la carne muere pero el espíritu crece y nosotros fervientemente sacrificamos nuestras vidas para cumplir con el reino de Dios. Además, tal como dice el Señor en Marcos 12:30, somos capaces de amar a Dios con todo nuestro corazón, mente, y fuerza. Esto es fe 'caliente'.

La fe caliente o fría no indica la medida de nuestra fe. No es necesariamente cierto que los creyentes laicos tienen fe fría, tampoco es cierto que las personas que han asistido a la iglesia durante mucho tiempo o poseen un título en la iglesia tienen fe que sea caliente.

Aunque alguien solo tenga un poco de fe y no siga la verdad a la perfección, siempre y cuando haga todo lo posible por seguir la voluntad de Dios de acuerdo a su medida de fe, puede considerarse que tiene fe "caliente".

Por supuesto, cuando esta persona tiene tan solo un medida de fe pequeña, de vez en cuando, no sólo pone su mente en las cosas de la carne, sino que también se compromete con las obras de la carne. Es decir, aquellos que aún no han desechado por completo la ira no pueden ser capaces de controlarse a sí mismos. De esta manera las 'cosas de la carne' quizás se conviertan en 'obras de la carne' cuando se enfaden y peleen con sus acciones.

Sin embargo, incluso en estos casos, si se arrepiente de inmediato, se aparta y sigue cambiando, entonces su fe no se la considera fría. En otras palabras, cuando esta persona de manera constante se examina a sí mismo, ora, ayuna y hace el esfuerzo por obedecer la Palabra de Dios, Él lo considera como fe caliente.

Por otra parte, si alguien no intenta cambiar su vida en absoluto aunque este haya sido cristiano por mucho tiempo, o si alguien va por mal camino a pesar de que sin duda sabe cuál es la voluntad de Dios, entonces tiene fe fría. El problema es que esta persona no tiene fe fría de un momento a otro. Su fe primera se hace tibia sin que se de cuenta y eventualmente se hace fe fría.

La fe tibia es un indicativo de que la fe se estanca y ya no es caliente aunque la persona sepa que Dios está vivo y que tanto el Cielo como el Infierno existen. Con este tipo de fe tibia, aunque una persona vaya a la iglesia pensando que tiene fe, no hay comunicación con el Espíritu Santo. Por consiguiente, la voz del Espíritu Santo no puede ser escuchada, y no podrá ser guiado por el Espíritu Santo, ni tampoco podrá descubrirse a sí mismo incluso mientras escuche la Palabra de Dios.

Llega a la iglesia porque sabe que irá al Infierno si su fe se enfría. No obstante, no sacrifica su vida por el Señor. No intenta darle más al Señor por lo que su fe no se hará caliente. Además, ya que no circuncida su corazón, no existe cambio en su vida. Quizás aparente ser alguien fiel en lo externo, pero debido a que no circuncida su corazón, a pesar de haber sido un cristiano por mucho tiempo, no hay un cambio ni en uno, cinco o diez años después; no tiene ninguna diferencia con una persona del mundo.

Si él se siente cómodo con la condición de tener una fe tibia y no cambia, entonces eventualmente tendrá una fe fría. Es como el agua tibia que no se mantiene así sino que se hace fría con el tiempo. Por consiguiente, cuando las personas poseen una fe tibia por mucho tiempo, no tendrán nada que ver con la salvación y, finalmente, irán por el camino de la muerte. Es por ello que el Señor les dice: "te vomitaré de mi boca".

## La advertencia severa del Señor en contra de la fe tibia

Los creyentes jamás deberían apagar al Espíritu Santo por tener fe que se enfría. La fe fría empeora la relación con Dios haciendo imposible recibir la salvación, además, tampoco tendríamos que tener fe tibia. Al advertir acerca de la fe tibia, ¿por qué el Señor dijo: "¡Ojalá fueses frío o caliente!" en vez de decir: "Ojalá fueses caliente"? Esto se debe a que el Señor está ansioso de que nos demos cuenta de cuánto debemos protegernos de tener una fe tibia.

Digamos que nuestra fe se enfría. Quizás tengamos que cambiar para arrepentirnos y volver nuevamente a tener una fe caliente por medio de la disciplina. Por ejemplo: cuando cometemos pecados y Dios aparta Su rostro de nosotros, puede ser que nos enfermemos o debilitemos. Puede ser que experimentemos accidentes o incluso desastres. A través de este tipo de disciplina, puede ser que tengamos la oportunidad de rasgar nuestro corazón en arrepentimiento y que recuperemos nuestra fe. No obstante, cuando nuestra fe es tibia, no es fácil obtener este tipo de oportunidades.

Esto no significa que debemos tener una fe fría. De hecho, cuando atravesamos por una disciplina mientras nuestra fe es fría, no es fácil arrepentirse y cambiar. Es debido a que sentimos miedo o estamos desalentados, en vez de sentir el amor de Dios. Además, ¡es algo necio y doloroso arrepentirse y cambiar después de encontrarnos con algo trágico y desastroso! A pesar de que podemos ser perdonados por Dios, no es fácil recuperar la relación con Dios, una vez que se ha roto.

## La fe tibia es un estado serio de estancamiento

Si se ve desde una perspectiva diferente, la fe tibia puede ser considerada como un estancamiento extremo de la fe. Esto es especialmente cierto para aquellos que están en el tercer nivel de fe; deben ser capaces de examinarse a sí mismos de una manera aún más crítica. El primer nivel de fe es el nivel de aquellos que recién han aceptado al Señor y poseen la fe para recibir la salvación. En el segundo nivel de fe se encuentran aquellos que escuchan la Palabra de Dios e intentan vivir por la misma. El tercer nivel de fe es, hasta cierto punto, fe madura. En el tercer nivel de fe una persona puede practicar la Palabra de Dios que ha escuchado.

Una vez que recibimos el Espíritu Santo y seguimos viviendo una vida diligente en la fe, es más fácil alcanzar la entrada al tercer nivel de fe. Incluso mejor, si vamos a una iglesia que tiene reuniones llenas del Espíritu y oraciones con la palabra de la verdad, nuestra fe puede crecer rápidamente en un período relativamente corto de tiempo.

No obstante, una vez que ingresamos al tercer nivel de fe, es el momento de comenzar a cultivar nuestros corazones invisibles en vez de nuestras obras visibles. Por consiguiente, debemos invertir grandes esfuerzos con nuestro corazón, mente y fuerza. Cuando asistimos a un servicio de adoración debemos adorar en espíritu y en verdad con todo nuestro corazón y con toda nuestra mente. Y tenemos que orar más fervientemente desde lo más profundo de nuestro corazón, para que produzca el hermoso aroma del corazón.

Cuando cumplimos con nuestra responsabilidad, el nivel de fidelidad debe ser diferente entre el momento en que somos nuevos creyentes y después de madurar hasta cierto punto. En otras palabras, incluso cuando realizamos algunas responsabilidades, mientras mayor sea nuestra fe, debemos ser fieles a nuestras responsabilidades con todo nuestro amor y bondad.

Las expectativas de los padres hacia los hijos son diferentes cuando ellos son simplemente niños pequeños, y cuando crecen y se convierten en adultos. Incluso el mismo tipo de perfume es muy diferente en precio de acuerdo a la concentración. Una pequeña cantidad de la esencia original concentrada de un perfume es muy costosa. Pero cuando se diluye, aunque el volumen aumenta, disminuye el precio.

De la misma manera, la cantidad de obras que tengamos delante de Dios Padre puede parecer la misma aun cuando nuestra fe crece, sin embargo, la calidad debe ser mejor con mayor amor espiritual y bondad.

## Ejemplos de estancamiento en la fe

Teóricamente podemos comprender bien estas cosas, pero es fácil pasarlas por alto en nuestra vida cotidiana. Debido a que nuestras obras parecen ser iguales que antes, quizás no nos demos cuenta que debemos ofrecerle a Dios aún más nuestro corazón invisible. Entonces, aunque solíamos llevar una vida cristiana diligente en la gracia de Dios, puede ser que perdamos la llenura del Espíritu Santo y quizás terminemos con una vida en la fe que solo es un hábito.

Quizás fallemos una o dos veces en asistir a los servicios o a las reuniones de oración a las que asistíamos con diligencia. O incluso cuando asistimos, nuestra adoración se convierte en algo monótono. No podemos llenarnos de gozo y la inspiración del Espíritu Santo; simplemente estamos presentes con nuestros cuerpos.

Solíamos dar ofrendas a Dios con alegría, pero ahora llegamos a hacerlo solo con un sentido del deber. A veces sentimos que es algo difícil o fastidioso. Cuando la llenura del Espíritu Santo desaparece, nuestro corazón se vuelve vacío y apesadumbrado. Eventualmente nos volvemos al mundo e intentamos consolar y llenar nuestro corazón con las cosas de este mundo. Al menor descuido, podemos cometer obras de la carne y levantar un gran muro de pecado ante Dios.

Si nosotros llegamos hasta este punto, no es fácil recuperar nuestro fervor aunque nos demos cuenta de nuestro estado. Ya que no está la gracia de Dios en nuestros corazones, ni siquiera podemos concebir la idea de marchar con fe caliente. Solo queremos permanecer cómodamente en la carne.

Entonces, renunciamos a la esperanza de entrar en la Nueva Jerusalén. Renunciamos a entrar donde pueden hacerlo aquellos que han desechado completamente la maldad del corazón y han sido fieles en toda la casa de Dios. Por el contrario, quizás pensemos: "Bueno, al menos puedo entrar al primer reino de los cielos" o "basta con ser salvos".

La razón por la que la fe tibia es tan peligrosa, es que no podemos mantener la fe tibia ya que esta con el tiempo se hará fría. Si nosotros dejamos reposar el agua caliente, esta se entibiará y luego se enfriará. Otra forma de verlo es igual a no remar lo suficiente en un bote en el medio de un río. El bote no simplemente se quedará estático, sino que irá a la deriva aguas abajo.

Este fue el caso con el rey Asa, el rey de Judá del reino del sur. Durante los primeros 35 años en los cuales él asumió el trono, fue un rey que dependió de Dios. Cuando su madre adoró a los ídolos, él los quitó. Le preocupó que las personas quizás siguieran sus caminos, entonces la quitó de la posición que tenía por ser madre del rey.

No obstante, durante el último año de su reinado su fe se deterioró. Anteriormente, no importaba cuán fuertes fueran sus enemigos, él dependió solo en Dios y así pudo vencerlos. Pero luego, cuando un enemigo lo invadía, comenzó a depender en los hombres; hasta llegar al punto de pedir la ayuda de un rey gentil. El rey Asa fue reprendido por Dios por medio del profeta Hanani, pero él no se arrepintió ni cambió. Al contrario, encarceló y persiguió al profeta. Debido a este incidente, el rey Asa fue castigado y sus pies enfermaron gravemente.

Si él hubiera mantenido su fe y confianza en Dios como el Dios de amor y misericordia, se hubiera dado cuenta de que el castigo de Dios era por amor a él. Habría entendido que Dios quería que él tuviera una oportunidad para cambiar. Sin embargo, el rey no pudo aferrarse al amor de Dios, incluso después de haber sido castigado por Él, sino que al contrario, intentó apartarse del rostro de Dios y puso su confianza en los médicos del mundo y eventualmente enfrentó la muerte. Este es un caso que nos muestra claramente la consecuencia y el resultado final de tener una fe tibia.

## El peligro de tener una fe tibia

Hay un refrán que dice: "Pronto olvida la vaca de cuando era ternera". Esto significa que cuando alguien atraviesa una situación difícil con la ayuda de los demás, esta persona no recuerda aquellos tiempos en los que atravesó dichas dificultades en su vida. Incluso se olvida de la ayuda que recibió. Lo mismo se puede aplicar a la vida de un cristiano. Digamos que una persona se encontraba en una situación difícil con muchos problemas, sin embargo, oró fervientemente a Dios y recibió Su gracia y bendición. Pero luego, en vez de llevar una vida de creyente más diligente, reincide en los malos hábitos y vuelve a tener amistad con las cosas de este mundo.

Es por ello que Dios quiere primeramente darnos la bendición de que nuestra alma prospere, y luego darnos la bendición de que todas las cosas vayan bien. Es que para aquellos cuyas almas son prósperas, su fe nunca se enfriará o cambiará.

Digamos que hay alguien cuya alma no es próspera aún. Si muestra su fe lo mejor que puede y siembra con sus oraciones mediante la fe de acuerdo a su nivel de fe, es la ley de la justicia de Dios que cosechará un fruto apropiado.

Dios seguramente le dará las bendiciones del alma que prospera, y además le permitirá cosechar lo que siembra mediante la fe en ese momento. Si todos pudieran recibir una bendición sólo después de que su alma prospera, entonces ¿quién puede recibir una respuesta y bendición?

Pero el asunto importante es el 'DESPUÉS' de recibir una respuesta y una bendición. Dependiendo en cómo administran sus vidas como creyentes, sus respuestas y bendiciones pueden dar fruto completo o, por otra parte, la bendición puede desvanecerse completamente.

Por consiguiente, lo más importante es qué tipo de vida llevamos luego de recibir las bendiciones de parte de Dios. Luego de recibir las bendiciones, si simplemente nos quedamos satisfechos, nos enfriamos en la fe y hacemos amistad con el mundo para conseguir mayores riquezas y fama, seremos reprendidos por parte del Señor.

La característica más importante y fundamental de la fe tibia es que intenta colocar un valla entre Dios y el mundo. En otras palabras, mientras que intenta tener un pie en las cosas del mundo y el otro afuera parado en la fe, la persona elige el lado que le da más beneficios dependiendo del tiempo y la situación.

En Lucas 16:13, el Señor dice: *"Ningún siervo puede servir a dos señores; porque o aborrecerá al uno y amará al otro, o estimará al uno y menospreciará al otro. No podéis servir a Dios y a las riquezas"*.

En este caso, 'las riquezas' en este verso no solo se refieren a las cosas materiales de este mundo, esto simboliza al mundo y a las cosas del mundo. Él nos dice que no podemos amar al mundo ni a las cosas que hay en él y amar a Dios al mismo tiempo (1 Juan 2:15).

Algunas personas piensan que es prudente "nadar entre dos aguas", mientras viven sus vidas creyentes, pero nunca es algo sabio, sino que es más bien algo insensato. Dios menciona que Él vomitará a dichas personas de Su boca. El vomitarlos de la boca significa que Dios no los reconocerá como Sus hijos y que tampoco serán salvos. Esta es una advertencia muy severa.

## La iglesia de Laodicea era rica en Espíritu

La primera de las Bienaventuranzas dice: *"Bienaventurados los pobres en espíritu, porque de ellos es el reino de los cielos"* (Mateo 5:3). Aquellos que son pobres en espíritu poseen corazones humildes. Tienen la sed de buscar de Dios y de poner su confianza en Él.

Sin embargo, aquellos que son ricos en espíritu están llenos de arrogancia, orgullo, egoísmo y deseos. Ellos no buscan de Dios sino que siguen intentando llenar sus corazones con cosas de este mundo.

Existen algunas personas que comienzan sus vidas en Cristo siendo pobres de espíritu, pero a medida que el tiempo pasa, sus espíritus se enriquecen. Pero a medida que los atributos carnales que habían suprimidos surgen nuevamente, sus corazones son estimulados hacia las cosas mundanas. No debería ser ninguna sorpresa que a medida que llegan a poseer riqueza, fama y autoridad, su fe puede cambiar y convertirse en fe carnal.

Puede parecer que están llevando vidas en la fe, pero no tienen ningún anhelo o sed por la verdad. De manera gradual oran cada vez menos hasta que por fin dejan de orar. Ahora, no hacen nada con fe, sino que su fe solo se muestra como un formalismo. Ponen la prioridad en sus propios trabajos del mundo en vez de Dios y de Su obra. Ellos dicen: "Soy rico y no tengo necesidad de nada".

## Espiritualmente pobre, ciego y desnudo

El Señor dijo: "...y no sabes que tú eres un desventurado, miserable, pobre, ciego y desnudo" (v. 17). Si se dan cuenta y reconocen sus defectos, recibirán la oportunidad de poder cambiar y aferrarse a Dios. Pero aquellos que tienen una fe tibia piensan de sí mismos que son ricos. Por ello son incapaces de darse cuenta de sus defectos, por lo que no los reconocen.

El Espíritu Santo gime, pero ellos no lo pueden reconocer. Por lo tanto, no intentan ser fervientes o cambiar sus vidas. Puede ser que en el área física no tengan necesidad de nada, pero si continúan yendo por el mismo camino terminarán muy alejados de la salvación. Es por ello que son desventurados. Además, la riqueza de la que disfrutan en esta Tierra es solo momentánea. Aquellos que acumulan recompensas en el reino de los cielos son verdaderamente personas ricas.

Las personas que poseen una fe tibia no son fieles a los ojos de Dios. Ellos no siembran delante de Dios ya que desean ardientemente el dinero. En pocas palabras, no tienen nada que hayan acumulado en el Cielo. Por consiguiente, incluso si se arrepienten, apenas reciben salvación y van al Cielo, no tienen ninguna recompensa por recibir. Es por esto que a tales personas se las llama 'pobres'.

Las personas que entienden la Palabra espiritualmente tendrán absoluta confianza por la vida eterna. Por lo tanto, diligentemente se encuentran a sí mismos en la Palabra y salen de las tinieblas y entran a la luz. Para poder acumular recompensas en el Cielo, tienen que ser fieles y con empeño sembrar para el reino de Dios.

Por otra parte, aquellos que poseen una fe tibia no conocen acerca del mundo espiritual. En lugar de la esperanza de la vida futura, solo ven la realidad del mundo que les rodea. Esto es a lo que se refiere cuando se dice que están espiritualmente ciegos.

Aquellos que están espiritualmente ciegos no pueden encontrar las tinieblas dentro de sí mismos, sino que permanecen en las tinieblas (Mateo 6:22-23). Por consiguiente, no pueden colocarse la vestidura de justicia que será digna para los hijos de Dios. Es por ello que también se les dice que están desnudos. Estas vestiduras representan el corazón del hombre. 'Colocarse las vestiduras de justicia' significa 'circuncidar el corazón y alcanzar la justicia en el corazón'.

No obstante, debido a que aquellos con fe tibia no circuncidan sus corazones ni viven mediante la Palabra, sus corazones siguen estando llenos de maldad y viven en las tinieblas. Esto es para revelar su vergüenza de la desnudez en un sentido espiritual.

Ponerse ropa espléndidamente bella por fuera no quiere decir que sean verdaderamente hermosos. Si las personas no circuncidan sus corazones, sino que mantienen la maldad en ellos, no importa cuán hermosa sea la ropa que utilicen por fuera, desde la perspectiva de Dios están revelando la vergüenza de su desnudez.

Vestiremos lino fino y resplandeciente en el Cielo donde no hay tinieblas en absoluto, y el fino lino son las acciones justas de los santos (Apocalipsis 19:8). El Cielo es solo para aquellos que viven mediante la Palabra de Dios, se quitan la ropa carnal que está manchada del pecado, y se colocan las vestiduras hermosas de la justicia (Mateo 22:10-14).

Por consiguiente, para poder ingresar al Cielo como novias hermosas que le darán la bienvenida al Señor, debemos diligentemente adornar nuestras vidas como Su esposa y vestir el lino fino. Para lograr esto, debemos llevar vidas de creyentes que no tienen nada que ver con la fe tibia. No debemos tener nada que ver con la vida de un desventurado, miserable, pobre, ciego y desnudo.

# El consejo del Señor a la iglesia de Laodicea

"Por tanto, yo te aconsejo que de mí compres oro refinado en fuego, para que seas rico, y vestiduras blancas para vestirte, y que no se descubra la vergüenza de tu desnudez; y unge tus ojos con colirio, para que veas. Yo reprendo y castigo a todos los que amo; sé, pues, celoso, y arrepiéntete" (Apocalipsis 3:18-19).

La iglesia de Laodicea no se dio cuenta lo que le faltaba, sino que simplemente pensaron que eran ricos. Aún así, el Señor quería que ellos se arrepintieran y cambiaran; les dice con detalle de qué manera son pobres, ciegos, y espiritualmente desnudos con Su consejo.

## El Señor quiere que tengamos la fe de oro puro

Primero, Él dijo: "Por tanto, yo te aconsejo que de mí compres oro refinado en fuego, para que seas rico..." (v. 18). Así como las personas del mundo valoran en gran manera el oro, el Señor compara la fe con el 'oro refinado en fuego', ya que la fe es lo más preciado en la vida cristiana.

Por consiguiente, 'que de mí compres oro refinado en fuego, para que seas rico' significa 'poseer fe que sea inmutable como el oro'. Podemos ser salvos e ir al cielo solo cuando poseemos fe. Solo cuando tenemos fe podemos recibir respuestas a cualquier cosa que pidamos (Mateo 9:29).

No deberíamos profesar nuestra fe solamente de labios para afuera, sino que nuestra fe debería estar acompañada con las obras vivientes por medio de la Palabra de Dios. Este tipo de fe se la conoce como fe espiritual. En la Biblia, este tipo de fe es comparada con el oro puro.

Por lo tanto, aquellos que poseen fe espiritual creerán absolutamente en la Palabra de Dios en cualquier tipo de situación y seguirán Su Palabra. El profeta Elías en 1 Reyes 18 fue la persona que tenía este tipo de fe espiritual. Elías fue el profeta que trabajó durante el reinado del rey Acab del reino del norte de Israel.

Un día Dios le dijo al profeta Elías que enviaría lluvia a la tierra de Israel, la cual sufrió de sequía por un lapso de tres años y medio. Elías creyó en Su Palabra. Se dirigió al Monte Carmelo, se postró en el suelo y oró fervientemente hasta que puso su rostro entre las rodillas. Oró siete veces y finalmente recibió la respuesta de una gran lluvia.

El número 'siete' significa 'ser perfecto y completo'. El hecho de que él recibió la respuesta luego de la séptima vez, significa que él creyó hasta el final, oró y así recibió la respuesta. E incluso si no hubiera tenido respuesta luego de la séptima oración, Elías habría seguido orando hasta recibir la respuesta.

Esto se debió a que Elías creyó absolutamente la Palabra que Dios un día le habló. Creer en Dios hasta el final, en quién nosotros una vez creímos, es fe espiritual que se compara al oro puro.

Pero este tipo de fe no puede ser dada con facilidad. Al igual que las personas deben purificar el oro con el fuego hasta que quede oro puro, también debe darse el proceso de purificación para poseer el tipo de fe que es como el oro puro.

Nosotros debemos vencer muchas pruebas y aflicciones, luchar contra el pecado hasta el punto de derramar sangre y soportar con paciencia para vivir mediante la Palabra. Por medio de este proceso de refinamiento podemos poseer fe como el oro puro.

## Ojos espirituales y santidad en el corazón

La iglesia de Laodicea fue rica en corazón y espiritualmente desnuda. El Señor les dice: "...compres...vestiduras blancas para vestirte, y que no se descubra la vergüenza de tu desnudez" (v. 18). En este caso las vestiduras blancas representan las obras santas de los santos, las cuales surgen de un corazón que es santo.

Esto se debe a que en realidad lo que está en nuestro corazón es lo que sale por los labios y las obras, tal como el Señor menciona en Mateo 12:34 que dice: *"¡Generación de víboras! ¿Cómo podéis hablar lo bueno, siendo malos? Porque de la abundancia del corazón habla la boca"*. Aquellas personas hipócritas que no hacen sus corazones santos sino que hacen una demostración o pretenden ser santos por fuera, no pueden esconderse de Dios. Él examina sus corazones. Y eventualmente la maldad en sus corazones es revelada.

Por consiguiente, 'y vestiduras blancas para vestirte', significa 'despojarse de las tinieblas y la falsedad del corazón y cultivar el corazón en un corazón blanco de la verdad'. Solo cuando hagamos esto podremos colocarnos las vestiduras de la justicia para que de esta manera la vergüenza de la desnudez no sea revelada.

Sin embargo, ¡cuántas personas hoy revelan su vergüenza de la desnudez sin reconocer que están desnudos! Incluso existen personas que no sienten vergüenza mientras hacen cosas que son peores que las que un animal haría.

Quizás tengamos un corazón 'negro' manchado con el pecado y aún así no nos demos cuenta de las tinieblas en nosotros. Puede ser que hayamos perdido el deber del hombre y la imagen de Dios. Debemos reconocer que estas cosas son como estar espiritualmente desnudos y cosas que causan vergüenza.

Algunas personas profesan su fe en Dios pero ni siquiera reconocen que están espiritualmente desnudos; estas personas están espiritualmente ciegas. A este tipo de personas el Señor les aconseja: "...y unge tus ojos con colirio, para que veas" (v.18).

Mientras vivimos mediante la Palabra de Dios con fe, gradualmente llegamos a escuchar la voz del Espíritu Santo, y llegamos a conocer lo que es la verdad, y lo que es el pecado. Cuando llegamos a poseer un sentido espiritual, esto es también tener los ojos espirituales abiertos.

El momento que nuestros ojos espirituales están abiertos, podemos comprender la Palabra de Dios, tener esperanza por el Cielo, encontrar nuestro verdadero 'yo' de acuerdo a la Palabra y cambiar nuestra vida según la verdad.

'Tener los ojos espirituales abiertos' puede conllevar el significado de estar dispuestos a ver el mundo espiritual por medio de los ojos espirituales. Pero el significado más importante es el de comprender la voluntad de Dios al escuchar Su palabra, y el de cambiar nuestro ser a la verdad por medio del entendimiento que recibimos.

Si una persona tiene sus ojos espirituales abiertos, conoce acerca de Dios y puede darse cuenta de cuál es Su voluntad, seguramente no tendrá amistad con el mundo sino que se esforzará por encontrar sus 'tinieblas' de acuerdo a la Palabra y cambiar a la verdad.

Este tipo de persona es aquel que vive en la luz; quien tiene profunda comunión con Dios, y será amado por Dios mucho más.

## El amor de Dios en la reprensión

La iglesia de la Laodicea recibido serias advertencias y consejos del Señor. Entonces, el Señor nuevamente les instó a que se alejaran de la fe impropia: "Yo reprendo y castigo a todos los que amo; sé, pues, celoso, y arrepiéntete" (v. 19).

Esta declaración muestra claramente la razón y el propósito de la reprensión de Dios. Él reprende debido al amor, y el propósito de la reprensión es para que las personas se arrepientan por medio de ello y que sean celosos (Hebreos 12:6-8).

Cuando los hijos van por el mal camino, si los padres aman a sus hijos, intentarán corregirlos incluso con una vara. Si un hijo no quiere escuchar el consejo de sus padres, quizás ellos lo castiguen para que los hijos lo tengan presente y no se olviden. Si los padres están preocupados acerca del dolor que sus hijos tendrán que enfrentar y por ello no los disciplinan, no podemos decir que realmente aman a sus hijos.

También hubo una persona como esta en la Biblia; era el sacerdote Elí durante el tiempo de los jueces en Israel. Sus dos hijos estaban haciendo lo malo; estaban profanando el santuario de Dios. Como un sacerdote, Elí solo les dijo que ya no lo siguieran haciendo sin darles ningún castigo.

Las malas obras de sus hijos continuaron, y finalmente la ira de Dios vino sobre ellos. Sus dos hijos murieron en una batalla, el sacerdote Elí se sorprendió tanto al escuchar la noticia que cayó de su asiento y se rompió el cuello, causándole la muerte.

La razón por la que Dios permite que Sus hijos sean castigados es por amor a ellos. Si no hay represión y castigo incluso después de que un hijo comete pecado, el hijo no reconocerá ninguna de las faltas. El hijo eventualmente caerán en pecados más graves, y al final no podrá sino ir por el camino de la muerte de acuerdo a la ley del mundo espiritual que dice que "la paga del pecado es la muerte". Deberíamos sentir este amor de Dios el Padre en nuestros corazones. Si nosotros podemos sentir este amor de Dios en Su represión, podremos arrepentirnos, apartarnos y cambiar.

Por otra parte, si no nos damos cuenta de nada incluso después de recibir ciertas represiones, no habrá razón para el castigo de Dios. Por consiguiente, no habrá más castigo incluso si después cometemos pecados. Si un creyente es próspero y no hay castigo incluso cuando no vive mediante la Palabra sino que comete pecados, significa que Dios ha apartado Su rostro de dicha persona. Entonces, no hay situación más lamentable que esta.

Si se trata de un hijo amado de Dios, cuando vaya por el mal camino, Dios no le permitirá dirigirse como un hijo inteligente sino que lo castigará. Esto es más bien una bendición para el hijo que está siendo castigado. Puede ser que el castigo sea atemorizante y aterrador en ese momento. Pero si piensa para sí mismo: "¿Sin este castigo, en qué me habría convertido?", sentirá y comprenderá el amor de Dios el Padre mediante el castigo.

Esto no significa que debemos recibir el castigo cada vez que hacemos algo malo. Antes de que Dios castigue, Él seguramente da muchas oportunidades. Dios permite que nos demos cuenta a través de la Palabra, nos exhorta y reprende para que así nos podamos arrepentir.

Si nosotros podemos darnos cuenta de nuestras faltas con rapidez, será algo muy bueno. Si no es así y recibimos el castigo, todavía debemos darnos cuenta de que también es el amor de Dios el Padre, arrepentimos desde lo más profundo de nuestro corazón y cambiar. Entonces debemos recuperar la relación de confianza que se perdió con Dios, y empezar nuevamente a acumular nuestra recompensa en el Cielo.

# La promesa del Señor a la iglesia de Laodicea

"He aquí, yo estoy a la puerta y llamo; si alguno oye mi voz y abre la puerta, entraré a él, y cenaré con él, y él conmigo. Al que venciere, le daré que se siente conmigo en mi trono, así como yo he vencido, y me he sentado con mi Padre en su trono. El que tiene oído, oiga lo que el Espíritu dice a las iglesias" (Apocalipsis 3:20-22).

Entre las siete iglesias, la iglesia de Laodicea fue aquella que recibió solo reprensiones de parte del Señor, pero todo esto también estaba en el amor de Dios. Por lo tanto, el Señor les dio una palabra de promesa para permitirles tener esperanza.

Se encontraban en un letargo espiritual y poseían una fe tibia. Por ende, el Señor les pidió que se despertaran al escuchar Su voz. Les prometió que, al que venciera, le daría que se siente con Él en

Su trono.

## Abrir el corazón y vivir por la verdad

Existe una pintura de William Holman Hunt, la cual muestra al Señor golpeando una puerta desde la parte de afuera. En esta pintura no hay manija en la puerta o una cerradura para abrirla.

Significa que esta puerta solo puede ser abierta desde la parte interna cuando el Señor llama a la puerta. Se trata de una representación del Señor que llama a la puerta de nuestro corazón.

De igual manera, el Señor le dice a los miembros de la iglesia de Laodicea: "He aquí, yo estoy a la puerta y llamo; si alguno oye mi voz y abre la puerta, entraré a él, y cenaré con él, y él conmigo" (v. 20).

Primeramente, el significado de 'yo estoy a la puerta y llamo', es que el Señor llama a nuestro corazón con la palabra de la verdad. Cuando escuchamos la Palabra de Dios, debemos guardarla en nuestro corazón. Para poder hacer esto, primeramente, la palabra de la verdad tiene que entrar por la puerta de nuestros pensamientos, y luego debe entrar a nosotros por medio de la puerta del corazón.

Una vez que la palabra ingresa a nuestro corazón de esta manera, podemos vivir gradualmente mediante la palabra.

Entonces a esto se lo conoce como "comer y beber con el Señor". Sin embargo, aunque abramos la puerta de los pensamientos y aceptemos la Palabra, si la puerta de nuestro corazón no está abierta, la Palabra se mantendrá como mero conocimiento en nuestro cerebro.

Esta es la llamada "fe como mero conocimiento"; es la fe muerta que no está acompañada con obras. Aquellos que poseen esta fe, eventualmente tendrán una fe tibia. A pesar de que han llevado una vida de creyentes por un largo período de tiempo, y han escuchado muchas palabras, debido a que no han cultivado la palabra en sus corazones, no pueden poseer fe espiritual, es decir, la fe para creer desde lo profundo del corazón. Se convierten en simples feligreses.

A pesar de que el Señor es Todopoderoso, Él no obliga a nadie a abrir la puerta de su corazón. Si Dios forzara a una persona a que abriera la puerta de su corazón y le permitiera poseer fe espiritual, ¿hubiera alguien en este mundo que no pudiera recibir la salvación? No habría el cultivo de la humanidad mediante la justicia.

Dios ha otorgado a cada persona el libre albedrío. Él anhela tener hijos verdaderos que crean en Dios y lo amen desde lo profundo de sus corazones con su propia voluntad. Por consiguiente, debemos comprender que aunque el Señor está llamando a la puerta de nuestra mente y corazón, somos nosotros los que abrimos la puerta.

Si realmente amamos a Dios, seguramente abriremos la puerta de nuestro corazón, cenaremos con Él y viviremos mediante la Palabra de la verdad.

## Bendición de sentarse con el Señor

Si nosotros abrimos la puerta de nuestro corazón, aceptamos la Palabra de la verdad y cenamos y bebemos con el Señor mediante la práctica de la Palabra, podremos vencer al mundo y al enemigo diablo.

A tales personas el Señor les dice: "Al que venciere, le daré que se siente conmigo en mi trono, así como yo he vencido, y me he sentado con mi Padre en su trono" (v. 21). Al igual que el Señor que venció a la autoridad de la muerte y se sentó a la diestra de Dios, aquellos que vencieren también se podrán sentar en el trono de la salvación.

A pesar de que el Señor le habló sólo palabras de reproche a la iglesia de Laodicea por su fe tibia, Él dijo al final que la puerta de la salvación aún estaba abierta para ellos si se arrepentían y cambiaban. Hasta que la puerta del arca de salvación esté completamente cerrada, aún siguen teniendo oportunidad. Es por ellos que el Señor les sigue hablando de esta manera con un gran deseo en Su corazón.

Debemos vencer y continuar haciéndolo hasta el final.

Tenemos que caminar por el camino angosto que Jesús caminó en la alegría, agradecimiento y amor sin cambiar hasta el final. Solo de esta manera podremos permanecer con el Señor y disfrutar la gloria con Él en el día final.

Pero hay algunas personas que parecen vencer en algún momento, pero luego se dan por vencidos a medio camino y ya no puedan participar en la bendición y la gloria.

Examinemos nuestra fe con la Palabra que el Señor le dio a la iglesia de Laodicea. Si nuestra fe ha sido tibia, arrepintámonos rápidamente y cambiemos. Parémonos en las filas de los que vencerán hasta el final, o mejor aún, permanezcamos cerca del trono del Señor aferrándonos con fuerza a un mejor lugar en el reino de los cielos.

# El amor de Dios inmerso en el mensaje a las Siete Iglesias

"¡He aquí, vengo pronto! Bienaventurado el que guarda las palabras de la profecía de este libro" (Apocalipsis 22:7).

Los sentidos de los hombres no son perfectos, y los pilotos que vuelan un jet de combate quizás experimenten lo que se conoce como 'desorientación espacial', la misma que causa varios tipos de accidentes.

Si durante el vuelo sobre el mar un piloto da varias vueltas, no podrá ser capaz de determinar visualmente cuál es el mar y cuál es el cielo. O si no, luego de volar a alta velocidad verticalmente, de repente reduce su velocidad, el jet de combate continúa subiendo, pero el piloto siente que está cayendo al suelo.

Para que el piloto no sufra de desorientación espacial, este debe confiar en los indicadores y escalas. Ellos tienen que juzgar la velocidad y dirección de acuerdo con los indicadores, no por sus sentimientos.

Lo mismo sucede con nuestra fe. Los pensamientos del hombre como criatura, y los pensamientos de Dios el Creador, son diferentes. Por consiguiente, si vivimos nuestras vidas en Cristo a nuestra manera, quizás nos desorientemos. Este fue el caso con la mayoría de las siete iglesias descritas en el libro de Apocalipsis.

Cada iglesia tenía su propio fervor y pensaban que estaban haciendo la obra de Dios. No obstante, algunas iglesias recibieron reproches y otras consejos de parte del Señor.

También hoy, muchas iglesias dicen que adoran al Señor, oran a Dios y lo aman, ¿pero cuántas iglesias son realmente agradables a los ojos de Dios? Los mensajes dados a las siete iglesias son un buen estándar para examinar nuestra fe.

Nos dice claramente cuál iglesia fue alabada y elogiada, y cuáles fueron reprendidas por el Señor. Por lo tanto, debemos darnos cuenta a qué tipo de iglesia estamos asistiendo en la actualidad.

Además debemos examinar si es que estamos supuestos a

recibir el mismo tipo de represión que el Señor le dio a algunas iglesias. Si es que encontramos algo, no debemos dudar en arrepentirnos y cambiar para vivir mediante la Palabra.

Sobre todas las cosas, debemos darnos cuenta del hecho de que los mensajes a las siete iglesias fueron escritos en el libro de Apocalipsis. Esto fue para despertar a las iglesias que se encuentran en un letargo espiritual en los tiempos finales. Es el amor de Dios el que nos permite prepararnos para la Segunda Venida del Señor.

Pero aunque el Señor nos muestre claramente el camino para obtener elogios de Su parte mediante estos mensajes dados a las siete iglesias, si es que no obedecemos, es obvio que no servirá de nada.

El tiempo del regreso del Señor, quien resucitó y ascendió a los Cielos, no está lejos. Al final, ciertamente no habrá juicio preciso sobre las iglesias y los pastores que representan a las iglesias. Ruego en el nombre del Señor que todos los lectores puedan comprender este hecho y cambiar y convertirse en pastores e iglesias que el Señor pueda elogiar.

## Acerca del autor:
# Dr. Jaerock Lee

El Rev. Dr. Jaerock Lee nació en 1943 en Muan, Provincia de Jeonnam, República de Corea. A sus veinte años, él padeció de una serie de enfermedades incurables durante siete años, y al no tener ninguna esperanza de recuperación, él esperaba únicamente la muerte. Cierto día, durante la primavera de 1974, fue invitado por su hermana a una iglesia, y cuando se inclinó para orar, el Dios vivo inmediatamente lo sanó de todas sus enfermedades.

Desde el momento en que el Rev. Dr. Lee conoció a Dios a través de aquella experiencia maravillosa, él ha amado a Dios con todo su corazón y sinceridad. En 1978 él recibió el llamado a ser un siervo de Dios. Clamó fervientemente a fin de entender con claridad la voluntad de Dios y llevarla a cabo por completo, y obedeció a cabalidad la Palabra de Dios. En 1982 fundó la Iglesia Central Manmin en Seúl, Corea del Sur, e innumerables obras de Dios, incluyendo sanidades o prodigios milagrosos, han tomado lugar en la iglesia.

En 1986 el Rev. Dr. Lee fue ordenado como pastor en la Asamblea Anual de la Iglesia de Jesús de Sungkyul de Corea, y cuatro años más tarde sus sermones empezaron a ser transmitidos en Australia, Rusia, las Filipinas, y otros lugares a través de la Compañía de Radiodifusión del Lejano Oriente, la Estación de Radiodifusión de Asia, y el Sistema Radial Cristiano de Washington.

Luego de transcurridos tres años, en 1993, la Iglesia Central Manmin fue denominada por la Revista *Christian World* de EE. UU. como una de las '50 Iglesias Principales del Mundo'. El mismo año el Dr. Lee obtuvo un Doctorado Honorario en Teología en Christian Faith College, Florida, EE. UU., y en 1996 obtuvo un Ph.D. en Ministerio en el Seminario Teológico de Kingsway en Iowa, EE. UU.

Desde 1993, el Rev. Dr. Lee ha tomado la batuta en el área de las misiones mundiales a través de cruzadas evangelísticas internacionales en Tanzania,

Argentina, Los Ángeles, Baltimore, Hawái, y la ciudad de Nueva York en los Estados Unidos, Uganda, Japón, Pakistán, Kenia, las Filipinas, Honduras, India, Rusia, Alemania, Perú, República Democrática de Congo e Israel. En el año 2002 los principales diarios cristianos de Corea lo nombraron 'el Pastor mundial' por su labor en varias Grandes Cruzadas Unidas internacionales.

Hasta julio de 2013, la Iglesia Central Manmin cuenta con una congregación de más de 120.000 miembros; tiene 10.000 iglesias filiales locales e internacionales en el mundo entero, más de 123 misioneros que han sido comisionados a 23 países, entre ellos los Estados Unidos, Rusia, Alemania, Canadá, Japón, China, Francia, India, Kenia, y muchos más.

Hasta la fecha de esta publicación, el Dr. Lee ha escrito 87 libros, incluyendo algunos en lista de superventas de librería tales como *Gozando de la Vida Frente a la Muerte, Mi Vida Mi Fe I y II, El Mensaje de la Cruz, La Medida de Fe, Cielo I y II, Infierno, y El Poder de Dios*. Sus obras han sido traducidas a más de 75 idiomas.

Sus editoriales cristianos se publican en los diarios *The Hankook Ilbo, The JoongAng Daily, The Dong-A Ilbo, The Munhwa Ilbo, The Seoul Shinmun, The Kyunghyang Shinmun, The Korea Economic Daily, The Korea Herald, The Shisa News, y The Christian Press*.

El Dr. Lee es actualmente el líder de muchas organizaciones y asociaciones misioneras, entre ellas: Presidente de la Iglesia de la Santidad Unida de Jesucristo, Presidente de la Misión Mundial Manmin, Presidente vitalicio de la Asociación de Avivamiento y Misiones Cristianas Mundiales, Fundador y Presidente de la Junta de la Red Cristiana Mundial (GCN por sus siglas en inglés), Fundador y Presidente de la Junta de la Red Mundial de Médicos Cristianos (WCDN por sus siglas en inglés), y Fundador y Presidente de la Junta del Seminario Internacional Manmin (MIS por sus siglas in inglés).

### Cielo I y II

Una descripción detallada del maravilloso y vívido ambiente que los ciudadanos del Cielo disfrutarán en los cinco niveles del Reino de los Cielos, además de una hermosa descripción de cada uno de ellos.

### El Mensaje de la Cruz

Un poderoso mensaje de avivamiento para todos aquellos que están espiritualmente adormecidos. En este libro encontrará la razón por la que Jesús es el único Salvador y es el verdadero amor de Dios.

### Infierno

Un sincero y ferviente mensaje de Dios para toda la humanidad. ¡Dios desea que ningún alma caiga en las profundidades del infierno! Usted descubrirá una descripción nunca antes revelada de la cruel realidad del Hades y del Infierno.

### Gozando de la Vida Frente a la Muerte

El testimonio de la vida y de las experiencias del Reverendo Dr. Jaerock Lee, quien nació de nuevo y fue rescatado del valle de la muerte, y que desde entonces ha vivido una vida cristiana ejemplar.

### La Medida de Fe

¿Qué tipo de lugar celestial y qué tipo de corona y recompensas están preparadas para usted en el Cielo? Este libro proporciona la sabiduría y guía para que usted mida su fe y cultive una fe mejor y más madura.